世界五千年
科技故事丛书
卢嘉锡题

《世界五千年科技故事丛书》
编审委员会

丛书顾问　钱临照　卢嘉锡　席泽宗　路甬祥
主　　编　管成学　赵骥民
副 主 编　何绍庚　汪广仁　许国良　刘保垣
编　　委　王渝生　卢家明　李彦君　李方正　杨效雷

世界五千年科技故事丛书

征程万里百折不挠

玄奘的故事

丛书主编　管成学　赵骥民

编著　姜维忠　姜维公

吉林出版集团｜吉林科学技术出版社

图书在版编目（CIP）数据

征程万里百折不挠：玄奘的故事 / 管成学，赵骥民主编. -- 长春：吉林科学技术出版社，2012.10（2022.1重印）
ISBN 978-7-5384-6123-7

Ⅰ.①征… Ⅱ.①管… ②赵… Ⅲ.①玄奘（602～664）－生平事迹－通俗读物 Ⅳ.①B949.92-49

中国版本图书馆CIP数据核字（2012）第156311号

征程万里百折不挠：玄奘的故事

主　　编	管成学　赵骥民
出 版 人	宛　霞
选题策划	张瑛琳
责任编辑	张胜利
封面设计	新华智品
制　　版	长春美印图文设计有限公司
开　　本	640mm×960mm　1 / 16
字　　数	100千字
印　　张	7.5
版　　次	2012年10月第1版
印　　次	2022年1月第4次印刷
出　　版	吉林出版集团
	吉林科学技术出版社
发　　行	吉林科学技术出版社
地　　址	长春市净月区福祉大路5788号
邮　　编	130118
发行部电话/传真	0431-81629529　81629530　81629531
	81629532　81629533　81629534
储运部电话	0431-86059116
编辑部电话	0431-81629518
网　　址	www.jlstp.net
印　　刷	北京一鑫印务有限责任公司
书　　号	ISBN 978-7-5384-6123-7
定　　价	33.00元

如有印装质量问题可寄出版社调换
版权所有　翻印必究　举报电话：0431-81629508

序　言

十一届全国人大副委员长、中国科学院前院长、两院院士

路甬祥

放眼21世纪，科学技术将以无法想象的速度迅猛发展，知识经济将全面崛起，国际竞争与合作将出现前所未有的激烈和广泛局面。在严峻的挑战面前，中华民族靠什么屹立于世界民族之林？靠人才，靠德、智、体、能、美全面发展的一代新人。今天的中小学生届时将要肩负起民族强盛的历史使命。为此，我们的知识界、出版界都应责无旁贷地多为他们提供丰富的精神养料。现在，一套大型的向广大青少年传播世界科学技术史知识的科普读物《世

序 言

界五千年科技故事丛书》出版面世了。

　　由中国科学院自然科学研究所、清华大学科技史暨古文献研究所、中国中医研究院医史文献研究所和温州师范学院、吉林省科普作家协会的同志们共同撰写的这套丛书，以世界五千年科学技术史为经，以各时代杰出的科技精英的科技创新活动作纬，勾画了世界科技发展的生动图景。作者着力于科学性与可读性相结合，思想性与趣味性相结合，历史性与时代性相结合，通过故事来讲述科学发现的真实历史条件和科学工作的艰苦性。本书中介绍了科学家们独立思考、敢于怀疑、勇于创新、百折不挠、求真务实的科学精神和他们在工作生活中宝贵的协作、友爱、宽容的人文精神。使青少年读者从科学家的故事中感受科学大师们的智慧、科学的思维方法和实验方法，受到有益的思想启迪。从有关人类重大科技活动的故事中，引起对人类社会发展重大问题的密切关注，全面地理解科学，树立正确的科学观，在知识经济时代理智地对待科学、对待社会、对待人生。阅读这套丛书是对课本的很好补充，是进行素质教育的理想读物。

　　读史使人明智。在历史的长河中，中华民族曾经创造了灿烂的科技文明，明代以前我国的科技一直处于世界领先地位，涌现出张衡、张仲景、祖冲之、僧一行、沈括、郭守敬、李时珍、徐光启、宋应星这样一批具有世界影响的科学家，而在近现代，中国具有世界级影响的科学家并不多，与我们这个有着13亿人口的泱泱大国并不相称，与世界先进科技水平相比较，在总体上我国的科技水平还存在着较大差距。当今世界各国都把科学技术视为推动社会发展的巨大动力，把培养科技创新人才当做提高创新能力的战略方针。我国也不失时机地确立了科技兴国战略，确立了全面实施素质教育，提高全民素质，培养适应21世纪需要的创新人才的战略决策。党的十六大又提出要形成全民学习、终身学习的学习型社会，形成比较完善的科技和文化创新体系。要全面建设小康社会，加快推进社会主义现代化建设，我们需要一代具有创新精神的人才，需要更多更伟大的科学家和工程技术人才。我真诚地希望这套丛书能激发青少年爱祖国、爱科学的热情，树立起献身科技事业的信念，努力拼搏，勇攀高峰，争当新世纪的优秀科技创新人才。

目 录

寒夜偷渡者/011
少年求剃度/018
西行取经缘/025
曲折出国路/031
高昌国奇遇/039
经行廿四国/046
圣迹与名师/057
留学那烂陀寺/067
雄谈伏外道/074
曲女城盛会/082
万里携经归/088
淡泊老僧心/096
大唐西域记/103
皓首志穷经/109

寒夜偷渡者

午夜，冷月如钩，白沙胜雪。

一个僧人从潜伏的沙沟中站起身来，极目西望。夜幕下的大漠一片静寂，天上繁星闪烁，地下磷火飘忽，朔风时起，沙粒飞扬如雨。西北方的烽火台上燃着两支火把，半明半灭。刁斗声时断续，守台的官兵早已进入梦乡，哨兵大概也在打盹。僧人活动了一下手脚，牵着马蹑手蹑脚地向烽火台方向摸去。

这个寒夜偷越关卡的僧人，就是我国历史上著名的奇僧——玄奘。他是初唐时期卓越的地理学家、思想家、翻译家，俗名陈祎，玄奘是他出家后的法号。除了这两个称呼外，他还有3个有趣的别名。玄奘精通佛教经、律、论三藏，人们尊称他为三藏法师；他西行取经，西域人称这位大唐和尚为唐僧；他取经归来，挂锡大慈恩寺，因此人们又叫他慈恩大师。小说《西游记》中那位家喻户晓的唐僧就是以他为原型的，当然，历史上的玄奘法师与小说中的唐僧毕竟不是一回事。

在河西时，玄奘就听往来的商人说过，玉门关是西行必经的咽喉要道，它是因和阗（今河田）美玉由此输入中原而得名的，出了玉门关便是通西域的南北二大道。与玄奘同时的来济写过一首《玉关诗》：

饮饯遵龙汉，

衔凄度玉关。

今日流沙外，

垂涕念生还。

来济是朝廷使者，食宿有官府照应，左右有随从护卫，出使归来犹觉自己是死里逃生，相比之下，玄奘一人孤身涉险，这需要多大的勇气和毅力啊！

唐朝初期，在玉门关西北设了5个烽火台。五台依水源而建，相隔百里，五台间一片黄沙，寸草不生。烽火台有两个作用，当异族入侵时燃起烽火报警；同时它还盘诘往来行人，防止间谍出入。当时大唐建国不久，严禁人民出境，守台戍兵一向骄横，虎狼商旅，杀人劫财的事时有发生。伴随玄奘出关的一位异族青年，便因畏惧哨卡拦截，半路抛下玄奘，踏上归途。临别时，胡人告诫他说：

"大漠之中，断水必定死亡。驿路上的水源都在烽火台下，因此，必须在夜半偷水过台，一旦被发觉，你就死定了。"

就到台下了，玄奘心口犹如悬了一块大石。马蹄踏着柔软的黄沙，发出轻微的响动，传到他耳中好像雷鸣风吼。玄奘谨慎地牵着马，生怕发出异声。过关的时间很短，他却觉得漫长无比，走到关西，看到一泓潭水，玄奘心口的大石才慢慢落地。

玄奘下到潭边，俯身喝了几口清冽的泉水，又洗了脸，精神一振。他站起来，想去解马背上的皮囊盛水。正在这时，空中传来金刃破风之声，一支箭尖啸着从他两膝间穿过，射入沙层，余力未尽，露在沙外的箭羽震颤不已。没等他反应过来，第二支箭又擦身而过，情况万分危急。玄奘知道，边防军都配备了威力强大的机弩，这种机弩射得准，射得远。刚才没听到弓弦响，箭又迅疾多力，多半是机弩发射，倘若连珠般射来，转眼间自己便会被射成一个刺猬。惶急中，他大声喊道：

"莫射！莫射！我是长安来的和尚，你们不要再射了！"

烽火台上不再射箭，玄奘脱身无计，只好牵了马回来。

烽火台营门一开，两骑飞驰而出，来到近前，翻身下马，盘问两句便去搜查行李。法师行囊里都是旅行必备物品，没有什么贵重东西，一个戍兵破口大骂：

"秃驴，没油水不说，害得老子连安稳觉都睡不成。"

骂声中，扬鞭欲打。另一个戍兵摇手说：

"低声，让王校尉听着这话，小心赏你一顿马鞭。"

前一个戍兵声音立刻低下来：

"都说王校尉自幼信佛，和敦煌的张法师一向交好，真的吗？"

"不错，咱们校尉就是敦煌人，那里是家家供佛，人人念经。他对这些尼姑和尚实在比咱们弟兄还好些，常说佛、法、僧是佛家三宝。这和尚是三宝之一，咱们怎敢得罪？带回去由他自己处理好了。"

说话间进了营，火光中，校尉王祥仔细打量着玄奘，见他服饰与本地僧人不同，问道：

"法师不是我河西僧人，不知从何处来？偷越国境，欲去何方？"

玄奘反问道：

"校尉熟知边事，不知可曾听凉州人说过，有个叫玄奘的和尚想去印度求法？"

王祥一愣。不久前，长安高僧玄奘在凉州讲经，远近轰动，这事自己久有耳闻。听说凉州都督李大亮逼勒这位高僧回长安去了。他略感困惑地问：

"听说法师早已东归，怎么会到这里来？"

玄奘见众人不信，就从行李中取出章疏、度牒，述说了自己西行求法的决心和一路上遭受的挫折。王祥这才相信，说：

"法师，不是我扫您的兴，西行之路艰难哪！就拿这五烽来说，奉上边命令严禁国人出境，五烽互不统属，将贪卒横。弟子崇信三宝，自然不会留难法师，别处就不好说了。"

他顿了顿，见玄奘面无惧色，接着说：

"五烽外是流沙，流沙外还有雪山，处处都是鬼门关，法师还要三思而后行。弟子家乡在敦煌，那里的张皎法师钦贤尚德，依弟子愚见，法师不妨到敦煌小住？"

玄奘从容答道：

"贫僧自幼出家，国内高僧我都曾负笈从游，深参妙义，讲经授法，也算是一代宗师了。我欲修名立业，又何必去敦煌呢？作为一个佛门弟子，我生平最遗憾的是佛法东来后经论不全，胜义残缺，佛经译本也不完善，所以才发下重誓，不避艰危，要西游印度，访求遗法。施主不相勉励，反劝我回头，怕不是佛门助人为善的道理。校尉若一定拘留不放，玄奘甘受责罚，决不东移一步。"

法师慷慨激昂的一席话，令王祥感动不已。他注视着面容憔悴的玄奘，关切地说：

"弟子幸运，得听法师教诲，敢不从命。法师一路风霜跋涉，想必困倦，请先休息，明日一早弟子亲自送法师一程。"

于是安排食宿，一夜无话。

第二天，玄奘吃完早饭，王祥让人替法师备好水和干粮，亲自送了10多里，临别时指示途路说：

"法师从这条路可直达第四烽。第四烽守将叫王伯陇，是弟子的同宗兄弟，笃信佛法。法师到了那里就说是弟子让来的，它一定会好好招待您。"

王祥深知法师此行凶多吉少，与法师拜别时不觉泪下。

玄奘依王祥指点，避开了第二烽和第三烽，心里非常高兴，一路马不停蹄，直到深夜才到第四烽。守烽校尉是王祥的兄弟，但玄奘仍怕被他刁难不放，多一事不如少一事，便打算偷水过关。哪知没到泉边，就被关上发现，飞箭射来。法师连忙答话，守将王伯陇十分高兴，留法师住宿。第二日给玄奘准备了马匹、干粮和一只特大水囊，临别时一再关照法师说：

"法师千万别从第五烽过，那个守将粗暴无礼，只怕对法师不利。从这条路走100多里有个野马泉，在那里补充水后便可走出大沙漠了。"

就这样，玄奘在熟悉边地地理的校尉指点下，没有走通常的驿路而是抄捷径，避开3个烽火台，直接进入莫贺延碛。

莫贺延碛，古名沙河，在今天的新疆哈密市西南。800多里长的大漠中，天上无飞鸟，地下无走兽，天地间茫茫一片黄沙。白天热得出奇，热风吹来，如火入喉；夜晚冷得出奇，风沙扑面，如刀割肤。沙漠中没有固定的道路，连供辨认方位的固定参照物都没有，因为大风一起，浮沙游动，地貌便完全改观了。明明是一望无边的平地，大风停后，眼前出现的却是沙丘连绵。

玄奘孑然一身，每日循着人畜枯骨、驼马粪便的痕迹前进。好几次歧路徘徊，不知该走哪条路好。后来，他迷失了方向，走了100多里，没找到野马泉。祸不单行，在一次喝水时，因水囊过重，玄奘一时失手，水囊落地，抢救不及，千里之资，片刻荡尽。

沙漠中水贵如金，没有水寸步难行，路又盘回曲折，玄奘便想原路返回，回头走了10多里，猛然醒悟："我先前发过誓，不到印度，决不东归一步，现在怎可回头？宁可西进而死，哪能东归而生！"想到这里，法师毅然勒马西行，自此四夜五天没有滴水沾唇，终于人马俱困，昏卧沙中。

虔诚的玄奘法师一路默念观世音菩萨名号，又念诵《般若心经》，艰难竭蹶中仍不间断。此刻，他向菩萨祈祷说：

"玄奘此次西行，一不求财，二不求名，只求无上正法弘扬东土，望菩萨顾念群生，广施慈悲，以救苦为务，菩萨岂不知玄奘已届生死边缘吗？"

玄奘眼枯唇焦，喉痛腹热，人已渐近昏迷，神志却非常清醒，他卧在沙中，前尘往事一一浮现在他眼前……

少年求剃度

隋文帝开皇十六年（596），洛州缑氏县游仙乡凤凰谷陈村（今河南偃师陈河村）一个世代儒学的官宦家庭出生了一个男婴，取名陈祎，即本书的主人公。

陈家祖上几代都在朝廷做过官。陈祎的爷爷曾是北齐的国子博士，这是封建王朝最高学府的教授官。陈祎的父亲陈康是隋朝的一个小县令，官虽小，学问却大，曾博得"当代郭有道"的美名。郭有道就是东汉著名儒学大师郭泰，博通经典，居家教授，门下弟子近千人。虽然祖父、父亲去世得早，但这种诗书传家的传统，对陈祎产生了深刻的影响。

在陈康的4个儿子中，陈祎排行最小。这个老四从小就聪明伶俐，颇受父亲宠爱。据说陈祎8岁时，父亲就开始教他《孝经》，一次正讲"曾子避席"时，小家伙忽然站起来，整理一下衣饰，垂手侍立。父亲惊讶了，问他怎么了，他说：

"曾子避席听老师教导，我今天聆听父亲的教诲，怎敢大模大样地坐着听呢？"

陈康见小儿子天资过人，触类旁通，心中的喜悦真是无法形容，以致他逢人便称道这件事。大家也说，有其父必有其子，小家伙将来一定有大出息。

陈家虽然世代官宦，家底却不厚，自从陈康辞掉县令还乡后，家道中落，生活日趋贫寒。对小陈祎来说，更不幸的是他过早地失去了双亲，5岁时母亲病故，10岁时父亲也一病不起。小陈祎随着二哥来到洛阳净土寺，在晨钟暮鼓中送走童年。

陈祎的二哥叫陈素，自幼出家，法名长捷，住在洛阳净土寺。父亲去世后，长捷把年幼的四弟带到道场，一有空闲便教他学习文化。长捷精通佛家内典，又熟读道家老庄诸书，对他有着直接而深刻的影响。在净土寺中，陈祎跟二哥学习，不知不觉地迈入了佛教的大门。进寺才一年，他对《维摩经》、《法华经》等佛教经典朗朗成诵。家学深厚，天资过人，再加上刻苦认真，陈祎在佛寺中打下了坚实的文化基础。这是他后来在佛学、地理学方面取得卓越成就的重要条件。

通过对佛经的学习，陈祎萌发了出家的念头。在隋朝，佛教徒出家要由国家选拔，统一办理"度僧"手续，每次度僧都要考试，而且名额很少。隋炀帝大业三年

（607），隋炀帝敕令在洛阳度僧27名。当时参加预选的有几百人，经业都比较优良，而陈祎才12岁，年纪太小，连参选的资格都没有。陈祎心中怏怏不乐，在寺门外徘徊，羡慕地看着那些忙碌的参选人。正在这时，负责度僧的大理卿郑善果从这里经过，见他容貌出众，随口问了一句：

"你是谁家的孩子呀？"

陈祎见了大官，并不慌张，他说了自己的家庭出身，接着说：

"我一心想出家，只恨年幼学浅，不能和别人一同参选。"

郑善果见眼前的小孩子谈吐不凡，很是惊讶，又问：

"你这么小的年纪，干吗想出家呢？"

陈祎回答说：

"小子意欲远绍如来的慧命，近光遗传的佛法。"

这句话打动了郑善果的心，他破格准许陈祎出家，法名玄奘。这位以知人著称的大理卿对同事说：

"这么小的年纪便有这么大的志向，真不简单哪！我相信他将来一定会成为佛学大师，只怕你我看不到这一天了。"

历史证明，玄奘除了成为一代佛学大师外，还成了著名的地理学家、翻译家，这恐怕是郑善果始料不及的吧！

玄奘出家后，仍和二哥住在净土寺。寺中有位景法师，正在演讲《涅槃经》，这是一部涉及佛教中心思想的经典。玄奘和大家一齐听讲，废寝忘食地钻研。在通晓这部经典后，他又向另一位法师学习《摄大乘论》，这是一部综合大乘要义的名著。玄奘聪颖过人，一点便透，稍加研习，便已通晓无遗。寺中僧众大为惊异，要知道，寺中许多老和尚还不能通解这一经一论呢。于是，大家让他也升座演讲一次，玄奘毫不推辞，演讲时深入浅出，剖析透彻。整个净土寺都轰动了，因为当时他才13岁。

玄奘没有满足，他继续潜心佛典，努力学习，逐渐对佛教有了全面的认识。公元前6世纪，释迦牟尼在印度创立了佛教，他和我国的孔子是同时代人。

这位创始人姓乔达摩，名叫悉达多，他是释迦族人，所以成佛后人们尊称他为"释迦牟尼"，意思是"释迦族的圣人"。释迦牟尼出生在今尼泊尔境内的迦毗罗卫，是净饭王的太子，29岁前一直生活在王宫中，父慈妻贤，享尽了荣华宝贵。他富有哲学家的气质，看到人间有太多的苦难，便思考解脱的途径，逐渐萌发了出家修行，从而洞悉人生真谛的念头。他逃出王宫，到处寻访名师，到头来一无所获。后来，他又在树林中苦修，搞得身体衰弱不堪了，才醒悟到苦行也是徒劳无功的。于是洗了澡，接受了一位牧女的牛奶，体力恢复后，在一株菩提树下盘膝盘坐，发誓若不大彻大悟便不起身，终于在一天晚上，他悟道成了佛。"佛"就是"觉悟者"的意思。以后的50年里，释迦牟尼一直在北印度宣扬佛教，信徒越来越多，佛教也渐渐流传开来。

佛教的教义简单说来是"四谛"，即苦、集、灭、道。认为人生充满苦难（苦），造成苦难的有各种原因（集），只有进入涅槃境界才能超脱苦难（灭），为此必须遵循一定的修行方法（道）。它认为人世轮回，今生止恶行善的因，会结出来世安乐的果。由于佛教迎合了被压迫者的心灵叹息，很容易俘获处于水深火热之中又找不到出路的人们，因此在印度盛行一时。东汉末年传入中国，对中国文化的发展产生了深刻的影响。隋唐之际，佛教已经在中国流传了4个多世纪，进入成熟时期。中国佛教最主要的八大宗派——天台、三论、唯识、华严、密宗、禅宗、律宗和净土宗都是在这一时期创立的。本书主人公玄奘就是法相唯识宗的创始人。

玄奘在洛阳净土寺专心地研究佛学，时光在诵经礼佛中消逝，身材在晨钟暮鼓声里长大，他很快成为一名学识渊博的青年僧人。净土寺中的僧人不问世事，但世事并没有忘记他们，高大的山门也没挡住庙外的刀光剑影。

隋末天下大乱，义师蜂起，遍地刀戈。洛阳正处于混乱中心，僧寺供给断绝，寺里的和尚差不多都走空了。玄奘见故土难居，便和二哥商量：

"洛阳历来是兵家必争之地，眼下时局这么乱，只怕故乡再也住不下去了。再说东都高僧都已避乱他乡，无处求学，不如我们也走吧？"

于是，兄弟二人衲衣托钵，开始了云游生涯。听说李渊占据了长安，关中一带比较稳定，长捷兄弟于武德元年（618）来到长安，在庄严寺中挂单。挂单，是指远方僧人在寺院寄住居留。玄奘和哥哥并没有在长安久留，因为李唐建国伊始，当务之急是统一国家，所以把征伐攻战放在首位，无暇顾及儒释之道，长安虽是国都，却连一个像样的道场也没有。为了求生，也为了提高佛学修养，他们决定远游四川。

比玄奘晚出生100多年的李白曾慨叹："蜀道难，难于上青天。"这在当时并没有太多的夸张意味。四川西有高山峡谷，沼泽草地，东有崇山环绕，自古交通艰难。古代陆路有剑阁栈道，水路有长江航线，但都步步险阻，正因为它封闭性极强，所以它在历史上先后成为刘邦、刘备、王建、张献忠等人的据点。用宋代诗人的话来说，便是"把断剑阁烧栈道，成都别是一乾坤"。也正是因为这一点，当隋末动乱、九州饥荒的情况下，蜀中依然富裕安定，宛然是远离战争的世外桃源，吸引着无数外地游子。四方僧人也都会集成都，其中有不少德高望重的佛学大师。玄奘和哥哥离开长安，一路披星戴月，风餐露宿，饱尝千里入川的跋涉之苦，经由诸葛亮修建起的剑阁栈道，来到成都，在城南的空慧寺挂单。这次入蜀之行，玄奘经受了一次考验，从肉体上、意志上都得到了磨炼。

玄奘到了成都后，广泛参学，遍访名师，他把"学贵经远，义重疏通，钻仰一方，未成探赜"作为自己的求学宗旨，力求贯通诸家。玄奘志向远大，钻研刻苦，数年间便穷尽了四川所有的佛教经论。在成都佛学界，一提到玄奘，大家对他超凡的记忆力和悟性都赞叹不已。

求知欲极强的玄奘，并不满足在四川取得的成就，决心远游访师，求析疑义。当时，长捷在空慧寺讲经说法，颇受蜀中人士敬重。他不愿离开成都，又不放心弟弟单身旅行，再三拦阻。玄奘没有办法，只好偷偷地搭乘商船，放舟三峡，沿长江东下。先后游历了荆州（今湖北江陵）、相州（今河南安阳）、赵州（今河北赵县）等地，足迹遍及大唐半壁江山。在这种近似流浪的生活中，玄奘既从各地名师那里汲取了新知识，又积累了丰富的旅行经验，为他西行取经打下了基础。

武德末年，玄奘再次来到长安。那时，长安有两位号称"解究二乘，竹通三学"的佛学大师，法名叫法常、僧辩，是国内首屈一指的佛学权威。通过切磋学问，两位大师对玄奘特别赞赏，称他是佛门的千里驹。宰相萧瑀笃信佛教，他见到玄奘后，很钦佩玄奘的学术人品，便给皇帝写了奏章，准备留玄奘担任京师名刹的主持。不巧的是，朝廷内部反佛倾向正浓，这件事就搁下来了。

誉满京华的玄奘并没有陶醉在颂扬声中，相反，随着学业日益精进，他心中的疑惑也越积越多。为了弄清楚佛教的教理，他萌发了到佛教发源地取经的念头。而多年的旅行经验，又增添了他的勇气和信心。

西行取经缘

释迦牟尼创立佛教后，从来没有把佛学上的道理写成文字，他在世时四处传教，每次都是亲身说法。释迦牟尼去世后，佛教徒们多次集会，从事佛教理论的研究，经过多年探讨，写出不少经典，这就是原始佛教。它认为释迦牟尼是唯一的佛祖，追求个人解脱，着重三十七道品的宗教修养，《阿含经》是原始佛教的主要经典。

到了公元1世纪，印度出了一位杰出的哲学家马鸣，佛教徒称他为马鸣菩萨。他写了一部《大乘起信论》，对佛教教义做了新的解释，提倡较为宽大的学风，成为佛教中的新派，这就是大乘教。大乘教自称能普度一切众生，把追求个人解税的原始佛教称为小乘教。大乘教认为无限时空有无数佛，提供以"六度"为内容的菩萨行，宣扬大慈大悲、普度众生，要建立整个佛国净土，它的主要经典有《般若经》《维摩经》《华严经》《法华经》等。大乘教内部后来分裂为"中观"法门和"瑜伽"法门两大派系。

佛教传入中国后，最早翻译过来的佛经，大部分都是小乘经典。东晋时期，龟兹国（在今新疆库车县境内）人鸠摩罗什来华，翻译了近300卷小、大乘经典，可是大乘经典都是属于"中观"系统的。直到西印度僧人真谛来华，才译出一部分"瑜伽"系统的经典，从此，中国形成了"瑜伽"系统的"摄论宗"（摄论宗即研究真谛的《摄大乘论》的宗派）。

玄奘一生对佛教理论毫无宗派门户的偏见，他广泛研究小、大乘经典，尤其醉心于大乘瑜伽学。玄奘从师过许多高僧，像法常、僧辩、宝暹等等，他发现这些大师各有师承，对佛教义理的解释也不统一，令人无所适从。玄奘把这些老师的理论拿到佛教经典中去验证，发现这些翻译过来的经典说法也不统一。同时他感到佛经的译本太少，无法对比研究，而且许多译本单凭口译，文笔拙劣，错误百出，他所要着重研究的"瑜伽学"经典的译本，更是残缺不全。为了弄清佛法的基本精神，他决心西行求法，到佛教的发源地去学习，访名师，读原本。

正在这时候，京城来了一位异域高僧，他就是中印度学者颇密多罗，中国名字叫明友。明友是中印度那烂陀寺戒贤法师的得意弟子。擅长瑜伽学，据说他能记诵大小乘典籍10万颂（韵文佛经，为便于记诵，每句3字到7字不等，凡满4句，就叫一颂）。玄奘虚心地向他请教，收获很大。一次，他问明友法师说：

"中原佛界多以为'中观学'与'瑜伽学'是大乘教中互不相干的两大派系，弟子对此久有疑心，不知法师如何看这一问题？"

明友法师告诉他说：

"自从马鸣菩萨倡导大乘后，有龙树、提婆两位大师弘扬'般若学'，后来的无著、世亲两位大师对'般若学'继续发挥，于是创立了'瑜伽学'。这两种学说是一脉相承的，不立门户，后来才有人造《大乘掌珍论》，自言师承龙树、提婆，另立'中观'学说来排斥'瑜伽学'，其后末流相沿，于是便分裂为'中观'与'瑜伽'两大派系。需要指出的是，鸠摩罗什法师来华传授的是'般若学'，而不是'中观学'。至于'瑜伽学'，中原尚无正传。"

明友法师见玄奘对瑜伽学很感兴趣，说：

"我的老师戒贤，是当代首屈一指的佛学权威，他精通所有佛经，对各家学说源流了如指掌，尤其精擅瑜伽学，我在老师座下多年，受益匪浅。"

明友到长安不久，就把《大乘庄严经论》译成汉文，这篇经论实际是《瑜伽师地论本地分》的翻版。唐代历史学家李百药为译本写了序言，说西域大小乘佛教都以论为根本，如果此论不通，就不能弘扬佛法。玄奘读了后更加倾心《瑜伽师地论》，向往印度，尤其向往中印度的那烂陀寺，他到印度求法的愿望更强烈了。

李唐建国后，为了提高自己的家世，显示正统地位，李渊父子自称是道教祖师李耳的后裔，这样，无形中将佛教排在道教的后面，起了抑佛作用。武德七年（624），太史令傅奕上表历数佛教流弊，请求废除佛教，从而引发了朝廷中的一场大辩论。宰相萧瑀坚决反对，但在傅奕的诘责中理屈辞穷，反佛派占了上风。李渊亲自到国子监宣布，道第一，儒第二，佛第三。据说朝廷正在讨论是否彻底除灭佛教，对即将来临的法难，佛界有识之士无不忧心忡忡。玄奘觉得傅奕的奏书确实打中佛教的要害，特别是"佛经译本，恣意假托伪造"这句话，真令人痛心。玄奘心中感慨万分，想道：

"要彻底革除佛教流弊，弘扬佛法，第一要统一中土各家学说，第二要建立严格的僧伽制度。听说印度那烂陀寺名师众多，又有瑜伽派根本经典《瑜伽师地论》，我何不仿效前贤，舍身求法，到印度取得真经后重返中华，弘扬圣法！"

玄奘立志西行后，开始了准备工作。锻炼身体，学习梵文梵语，了解西域交通情况，并开始征求志同道合的伙伴。

现在要去印度，坐几个小时的飞机就到了。但在1300多年前，去印度可不是件容易的事。中印两国之间有险峻的喜马拉雅山脉阻隔着，我国古代的和尚要去印度取经，是要冒着生命危险的。荒无人烟的大漠，变化莫测的气候，野兽出没的丛林，盗贼横生的旅途，探险家们随时随地都可能赔上自己的生命。玄奘早已把生死置之度外，他用前代高僧法显、智猛的事迹激励自己说：

"要想有所作为，必须以这两位前辈为榜样啊！"

法显是玄奘以前西行求法的前驱，他不是西行求法的第一人，但他是最早成功的求法者。法显是东晋僧人，自幼出家，因中原缺少佛教戒律，发誓西行。他和10位伙伴西行，历尽15年风霜，经行30多个国家，最后孑然一身归来，佛教各部派律藏能输入中国，全仗他的功劳。法显回国后写了一本书，叫《佛国记》，这本书不知打动了多少西行求法者的心灵，至今还是研究印度和中印交通史的重要资料，有英、法、德、日文译本。

法显西行后的第四年，智猛和15个僧人结队西学，历时37年，才和唯一幸存的同伴归国，但大多数人殉道异域。我国近代学者梁启超把西行求法称为"留学运动"，称法显等人是"一千五百年前的留学生"。正是在这些前辈事迹的激励下，玄奘才走上这条光荣而又充满荆棘的道路，而他本人的成就，更使他成为西行求法者中最伟大最成功的典型。

玄奘很快召集到一批志愿者，他写了章疏，上表朝廷，说明西行求法的原因，请求朝廷准许出国。因为国内局势不稳，突厥猖獗，为了巩固边防，减少流亡，国家严禁百姓出蕃。毫无例外，玄奘的申请没被批准。约好的同伴不久就灰心绝念，四散而去，只有玄奘没有丧气，静心等待出国的机会。

机会很快就来了。

贞观三年（629），关中连年遭受天灾，开春时，闹起了饥荒。朝廷发出命令：所有人等可以四处随丰就食。这道敕令一下，玄奘立即收拾好行囊，混在灾民群里，出了长安城，向西进发，迈出了5万里行程的第一步。

曲折出国路

暮春3月,正是柳青草绿的季节。

从长安通往秦州(今甘肃天水市)的驿道上,两个和尚在策马赶路。其中一个是玄奘;另一个是秦州和尚孝达,他在长安学习佛经,此时毕业还乡,他知道玄奘的志愿后,自告奋勇,充当向导。离秦州越来越近了,孝达和尚告诉玄奘说:

"弟子就要到家了,到秦州后我帮法师物色一个向导。至于西域的情况我所知不多,法师到凉州后不妨向西域商人打听一下详情。"

到了秦州,孝达果然替他找了一个向导,送他到了兰州。玄奘在兰州住了一宿,正好凉州人送官马回返,他跟着来到凉州(今甘肃武威)。

凉州是河西都会，又是大唐西陲的雄关重镇。都督李大亮镇守这一地区，严禁人民出境。因为凉州地处要冲，西域诸国的商人往来不绝，这些商人出入境时要到官府领取过所（过所相当于今天的护照和通行证）。应当地人士的邀请，玄奘在凉州停留了一个多月，在当地佛院讲经说法。法师学识广博，见解精辟，不仅获得当地僧俗的崇敬，连听讲的西域商人都很钦佩。他们回国后，纷纷向本国国王报告，说大唐高僧玄奘准备西行取经，不久将路过本国。所以玄奘身未出国门，大名已播遍西域，各国僧俗都在翘首等待这位大师的降临。

这阵风自然吹进凉州都督李大亮的耳中，他连忙派人把玄奘找来，追问缘由。玄奘坦诚相告，希望李都督能高抬贵手，放他西行。李大亮是初唐名将，唐太宗对他非常器重，史书上说他"文武全才，至性忠谨"。可见"谨小慎微"是他的一贯作风，他公事公办地说：

"国家严令，不许人民出蕃，出家人也不例外。法师志向可嘉，但这事深干国法，无法通融。法师还是尽早回长安吧，逗留过久，后果自负。"

他最后那句话充满威胁。玄奘好像被人迎头泼了一盆冷水，他闷闷不乐回到住处。凉州慧威法师是当地僧众的领袖，他很赞赏玄奘西行求法的无畏精神，听说李都督逼勒玄奘回长安这件事后，就秘密派两个徒弟护送玄奘西行。为了避开官府的耳目，三人昼伏夜行，经过张掖、酒泉，好容易来到瓜州（今甘肃安西县东）。

在瓜州，玄奘向过往商人打听西行路径，这些人告诉他说，由瓜州前往西域，有南北两条驿道。南道由瓜州到敦煌，从敦煌玉门关出国，沿今阿尔金山脉经鄯善（今新疆若羌县）、于阗（今新疆和田县）、朱俱波（今新疆叶城县），在朱俱波折向西北行至莎车，从这里西越葱岭（今帕米尔），进入今中亚细亚。北道由敦煌北进伊吾（今新疆哈密市），沿天山南道西行，由疏勒越过葱岭，进入中亚细亚境内。由南北两道越过葱岭后，沿葱岭西南行就是罽宾国南面。

向玄奘介绍情况的人一再提及西路上的艰险，玄奘只是付之一笑，准备从比较安全的北道西去。不巧的是，他的马在瓜州病死了，向导也没了。原先护送他的两个小和尚一个半路上开了小差，另一个因身体不支被玄奘打发回去了。正在这时，凉州方面追拿玄奘的公文已送到瓜州，公文上写明：

"今有僧人玄奘，意欲潜入西域，沿途州县，严加戒备，务将该僧擒拿归案。"

瓜州州吏李昌是个佛教徒，他怀疑法师就是凉州要捉拿的人，便拿了公文来找玄奘，开门见山地问：

"法师可是公文中要找的僧人？"

玄奘迟疑未答，李昌接着说：

"法师莫怕，不妨实话实说。如果确是公案中人，弟子自当代法师设法。"

玄奘这才把西行缘由全盘托出，李昌连声赞叹：

"难得难得，弟子这就毁去公文，请法师放心西行。"

他当面扯毁公文，叮嘱法师早早离境，以免夜长梦多。玄奘赶快买了一匹马，但是没有向导引路，他只好独自前行了。有一天，在挂单的寺院门前徘徊。恰巧有个叫石槃陀的胡族青年来礼佛，请求受戒，法师当即授他"五戒"。佛家五戒指不杀生、不偷盗、不邪淫、不妄语和不饮酒5种基本戒律。石槃陀十分高兴，回家取来果饼供奉法师。玄奘见他身体壮健，对自己的态度也很恭敬，就说出了自己的心事，石槃陀爽快地答应送法师出境。玄奘喜出望外，马上替胡人买马备装，约定明晚起程。

第二日黄昏，石槃陀和一位胡族老人结伴来到碰头地点，老人骑着一匹又老又瘦的红马。石槃陀见法师面露不悦，连忙解释：

"这位老丈对西路极熟，曾往来伊吾30多次，所以邀他来商量商量，别无他意，法师不要疑心。"

老人向玄奘历数了西行路上的危险，苦口婆心地劝道：

"西路险恶，不是我这三言两语就能说明的，依我看，法师不如就此作罢，莫把性命当儿戏呀！"

玄奘说：

"多谢老丈指点。只是我曾立下哲言，不取得真经决不东退一步，纵死中途，也不后悔。"

老人见玄奘去意已决，就说：

"法师执意要走，就骑我这匹马去吧。这匹红马看上去又老又瘦，可是脚力好，随我往返伊吾15次了。老马识途哇！法师的马没有经验，恐怕不能胜任此行。"

玄奘见老人这么诚恳，便和他换了坐骑，敬礼而别，与石槃陀上路。三更时分，他们到达瓠𬭩河，离此不远处就是玉门关。瓠𬭩河水流平缓，两岸只有一丈多宽，石槃陀在岸边砍了几颗梧桐树架在河上，上面又铺了草，和法师牵马过河，顺利地绕过了玉门关。

玄奘过河后心情兴奋，下马解鞍，在草地上露宿，准备养足精神明日好偷越五烽，石槃陀也在离他50多步远的地方躺下了。正当玄奘蒙眬欲睡，忽听同伴那边有了响动，睁眼看去，只见胡人手握腰刀，慢慢走来，走了10多步后停止不动，显然心中犹豫。过了半刻又慢慢向玄奘靠拢。玄奘大惊，睡意立刻抛到九霄云外，自知手无缚鸡之力，胡人若起意杀人，自己也无法逃脱。玄奘想到这，索性端坐诵经，幸好石槃陀见了，又回到原处睡下。

次日拂晓，法师唤石槃陀起身打水，盥洗一番，吃过斋饭，就预备动身。石槃陀犹豫再三，终于开口说：

"弟子见前途险远，又无水草。水源都在五烽下，只能夜间取水偷越，只要一处被发觉，便要送命。还是趁早回去吧。"

玄奘不为所动，决意西进。胡人无奈，只好随法师动身，他慢吞吞地走了几里，再也不肯走了，说：

"王法难犯，弟子生怕连累家人，实在不能追随法师左右了，师意如何？"

玄奘见他口气愈来愈强横，知道不能勉强，就让他回去。胡人却立脚不走，说：

"师父此去必不能如愿。如被关卡捉到，供出小人的名字，这……这又如何是好？"

法师这才明白，原来昨晚胡人想害自己，是想杀人灭口。为了消除他的疑心，法师向天发誓：

"即使不幸被捉，纵将我一身割为千万粉尘，决不吐露你的名字。"

胡人这才放心，打马东归。

从此，玄奘孤身跋涉在黄沙漫漫的大漠中。环顾天地间，既无村落人烟，也不见鸟影兽迹。碧天下，黄沙中，自己的大红袈裟极是显眼，更衬托出自己的孤独冷寂。沙漠中气流变化急剧，所以也会出现"海市蜃楼"，而且瞬息万变，幻化出种种可怕的形象。正走着，玄奘忽见前面有数百队士兵，枪矛林立，旌旗招展，远远看去十分清楚，走到近前反而看不见了。法师开始以为是马贼，后来才知道是幻影。这样走了80多里，远远望见一座烽火台，他怕被哨兵发现，在沙沟中潜伏到深夜出来。

后来，玄奘在守烽校尉的帮助下，顺利补充了饮水，进入莫贺延碛。不料中途失道，饮水倾覆，人困马疲，昏卧沙中，奄奄一息。

其实，经过四夜五天的跋涉，他离沙漠中的绿洲已经不远了，只是他本人没有意识到这一点罢了。第五夜夜半时分，凉风吹来，玄奘渐渐苏醒过来，马也恢复了体力。他振作起精神，跟跟跄跄地赶了几里路。这时，那匹老马忽然有了精神，拐上一条岔路，向前狂奔。玄奘收勒不住，只好任它奔驰。跑了数里，眼前忽然闪出一片绿色。这块绿洲方圆不过数亩，长满碧油油的绿草，甘泉从一个泉眼涌出，汇成一池清水。

原来，这匹往返伊吾15次的识途老马凭着它特殊的动物本能找到了水源。玄奘欣喜若狂，牵着马过去喝个痛快，终于摆脱了死神的威胁。他在绿洲中休息了一天，体力和精神都恢复后，将水囊装满水，又给马割了足够多的青草，重新上路。又在路上走了两天，才走出浩浩流沙，到了伊吾国（今新疆哈密）。

这一程玄奘从沙州（今敦煌）出发，渡过瓠𬶋河（今疏勒河），经过第一烽（今白墩子），在王祥校尉的指点下，绕开第二烽（今红柳园）、第三烽（今大泉），抄近路到达第四烽（今马连井子），又在王伯陇校尉的指点，绕开第五烽（今星星峡），进入莫贺延碛，凭着一股百折不挠的信念，玄奘战胜了迷途、断水，终于走出了流沙，来到伊吾国。这一段行程充满艰验，每一步都要有性命之危，而这一切仅仅是开头，是万里长征第一步。玄奘清醒地认识到：更艰险的旅程还在前头，只要能发扬不屈不挠、追求真理的精神，保持勇往直前的探险勇气，多大的困难都能克服。

伊吾国佛寺有一位汉族老和尚，他年轻时从中国来到伊吾，因道路阻塞，无法东归，也见不到故乡人。这次听说有大唐高僧来了，不及穿衣，赤着双脚跑出来迎接，抱着玄奘泪如雨下，哽咽着说：

"想不到啊想不到！老僧有生之年还能见到乡亲。"

玄奘来到伊吾的消息像风一样在西域各国传开来，各国人民都希望能一睹大师风采。

高昌国奇遇

佛教传入中国，按照比较保守的看法，有将近2000年的历史。它是经由西域大月氏诸国输入中原的，所以西域诸国佛教昌盛，国内佛寺星罗棋布。许多国王都是狂热的佛教徒，他们浪费大量财力，用来修寺院，请名僧，甚至不惜用武力来夺取珍经名僧。玄奘西行取经，西域诸国都给他很高的待遇，使他能够顺利地到达印度。

玄奘到达伊吾，受到伊吾王的殷勤接待，玄奘在伊吾休息了10多天，准备起程。从伊吾到焉耆（今新疆焉耆回族自治县）有南北两条道：南道是取道莫贺延碛，经高昌，抵达焉耆，这一路都是风戈壁，水草稀少，行涉艰难，但地势平旷，骑马方便，而且里程较短，全程共830里；北道是过可汗浮图（今新疆吉木萨尔），避开高昌，直达焉耆，这一路水草丰盛，但北道靠近天山南麓，山路崎岖，不便骑马，里程也较长，共有950里。玄奘考虑再三，决定走水草丰盛的北道。正要动身，高昌王麴文泰派使者邀请玄奘，玄奘推辞不了，只好随使者从南道向高昌国进发。

西域高昌国，在汉代是车师前部国，它的位置在今新疆吐鲁番县一带。高昌王麴文泰是一个狂热的佛教徒。那段时间里，他不断听到往来商人们说，有一位大唐高僧，精诚动天，孤身西行求法。麴文泰大起仰慕之心，决定会会这位高僧，他连续派出使者，打探玄奘的行踪。当麴文泰接到使者的快马飞报，说玄奘已到伊吾后，非常高兴。他派人通知伊吾王，让他护送玄奘，同时命令大臣们挑选数十匹骏马，在途中迎候。

玄奘在高昌使者的陪伴下，在路上连走了6天，才到达高昌白力城（今楚辉），麴文泰派来的大臣们都在城外迎接。当时天色已晚，玄奘一路鞍马劳顿，非常疲劳，想进城休息。大臣们都说：

"王城离这儿不远了，请法师再坚持一会，大王正在宫中等着您呢。"

白力城离高昌王城（今高昌故城）120里，玄奘一行连换了几次良马，当天深夜就赶到王城。至于玄奘那匹老马，留交使者随后带来。

麴文泰深宵不寐，站在宫门外等候法师光临，他的身后是一大群后宫妃嫔，手里都拿着蜡烛，远望灿如星火。

烛光中，面容憔悴的玄奘走上前来与国王见礼，麴文泰毕恭毕敬地把他让到重阁宝帐中，殷勤问候：

"弟子久慕师父大名，听说师父取经路过敝国，十分高兴。我派人去接师父后，计算一下路程，知道师父今天就能到，所以一直没睡，和妻子一道敬候师父光临。"

接着，王妃等人也来礼拜。宾主相见恨晚，直谈到东方发白，麴文泰才意识到玄奘很累了，连忙请他安歇。第二天，玄奘还没起床，国王已偕同王妃来宝帐礼问，敬佩地说：

"弟子思量沙路艰险，师父单人匹马，能够穿越号称'死亡之海'的大流沙，来到高昌，真是奇迹！"

麴文泰在王宫旁专门设了一个道场，亲自引玄奘入内居住。又给他介绍了国内两大高僧，一位是象法师，曾在长安留学，在佛学上有很深的造诣；另一位是80多岁的统法师，他是高昌国佛界领袖。玄奘和二人研讨佛学时，统法师转达了国王的意思，劝玄奘留在高昌，不要去印度了。玄奘一口回绝了。

10多天后，玄奘准备动身，麴文泰挽留不放，说：

"弟子想留师父在本国供养，已请统法师代我恳求过，不知师父可肯屈尊留下？"

玄奘答道：

"大王美意，贫僧心领了。只是贫僧发过誓，不取回真经绝不罢休。"

麴文泰说：

"我以前随父亲到达中国，中原名僧见了万万千千，可惜无一人能令我敬慕。自从听法师讲经布道，弟子深受教益，心中更加敬爱师父。自今而后，请师父长住敝国，让我一国百姓，都成为法师弟子，受法师教化。请法师领受弟子虔诚，不必冒险西游了。"

玄奘连连揖拜，说：

"大王这番厚意，贫僧薄德，万万承担不起。我此行不求供养，只因中原佛法教义残缺，心中疑难无从解释，才要到印度求法。多谢大王的高情雅意。贫僧心中只有佛法，不敢中途而废。"

麴文泰指天发誓，说：

"弟子爱慕法师，诚心留下供养，葱岭可移，此志不改，乞法师明鉴。"

玄奘依然不为所动，婉言推辞道：

"贫僧岂有不信大王之理？我为求法而来，法未取得，岂可中止？大王素信佛法，理应帮助才对，怎能从中阻拦？"

麴文泰赶忙说：

"弟子何敢阻拦，只因为国无明师，所以屈留法师，点悟迷愚。"

不管麴文泰费了多少口舌，玄奘仍执意要走。麴文泰作为一国之尊，何曾低声下气过？今天一而再，再而三地挽留玄奘，好话说尽，可玄奘依然要走，麴文泰终于恼羞成怒，玄奘的坚持伤害了他的自尊心，他大声说：

"法师不肯留，弟子自有留客之道。二条路任法师走：要么留在高昌，要么送法师回国，请法师三思而后行。"

玄奘毫无惧色，坚持说：

"玄奘西游目的只是求真经，弘佛法。大王留得住我身，却留不住我心。"

麴文泰不放玄奘走，他要用自己的虔诚和热情感化这位高僧。麴文泰无微不至地照料玄奘的日常生活，甚至每天亲手捧着杯盘侍奉法师进食。

玄奘无奈，只好使出最后一招——绝食。他整天端坐念经，对麴文泰捧至眼前的饭菜瞅都不瞅。在他心里，功名富贵，不过是过眼云烟；生死荣辱，也不过是尘世幻象；只有对真理的求索，才是最有意义的人生追求。

玄奘绝食了3天，滴水不沾，但麴文泰仍不死心。到了第四天，玄奘气息渐弱，再也坚持不去了，他才惊慌起来，连忙谢罪，说：

"任法师西去，弟子决不再拦，请法师先用些饮食。"

玄奘生怕他反悔，要他在佛前发誓。麴文泰答应了，却提出3个条件。一、他要和玄奘结为异姓兄弟；二、仍请法师留高昌1个月，开讲《仁王般若经》，这是一部消灾祈福的佛经；三、法师取经归来时，要在高昌停留3年。玄奘一一应承下来，恢复了饮食。

经过这场风波，麴文泰对法师更加敬重。他特地把母亲请出来，在母亲面前与玄奘结拜成异姓兄弟，麴文泰年长为兄，玄奘为弟。开讲《仁王般若经》的时候，麴文泰亲手捧着香炉引路。法师升法座时，他又俯身跪地，让义弟踏着他的背脊上去，这是国王对高僧最崇敬的一种表达方式。天天如此，毫不怠慢。

高昌国王留玄奘讲一个月经不过是一个借口，他打算利用这一个月时间为法师准备行装，一个月的时光转瞬即逝，玄奘的经讲完了，他的准备工作也已就绪。麴文泰为义弟准备了100两黄金，3万枚银钱，500匹绫绢，供法师一路花费。这些财物足够玄奘用20年，用30匹马，25个脚夫搬运。考虑到西路寒冷，特地为玄奘缝制了许多袈裟、面罩、手套、靴袜等衣物；同时麴文泰又替玄奘剃度了4个小和尚，以便一路侍奉法师。

为了保证法师旅途平安顺利，麴文泰又写了24封信，知会沿途24国国王，请他们在玄奘经过时给予照顾。每封信都附大绫一匹，作为信物。当时西突厥肆叶护可汗威震西域，势力遍及大雪山以北60余国。高昌王想，玄奘欲顺利西行，不能没有他的关照，因此他特备500匹绫绢，两车果味，派殿中侍御史欢信携带礼物，护送玄奘到叶护可汗牙帐。在给可汗的信中，麴文泰写道：

"玄奘法师是我义弟，想赴印求法。希望可汗像爱怜我一样爱怜他，还请您行文西路诸国，让他们沿途照顾，不胜感激。"

玄奘见高昌王考虑安排得如此周密，感动极了。当即挥毫写了一篇谢启，一方面抒写了自己西行求法的怀抱和决心，另一方面表示对国王礼贤下士的谢意，并且表明他年得了正法，必回高昌从事佛经翻译，以报答高昌王的特殊恩泽。

动身那天，高昌国王与臣僚、僧侣、百姓倾城相送。麴文泰母亲也来送义子登程，说：

"今与法师相遇，都是前世因缘，愿法师到西天登无上正果，东归之日，再来垂教。"

大家都舍不得玄奘离开，纷纷泪下。麴文泰也是垂泪不止，他见离城已远，便吩咐众人先回，他和几名高僧又远远送出数里才回去。

从此，玄奘再也不是孤独的跋涉者，他有了数十人的小队伍，前呼后拥，相随护送。每到一国，往往举国空巷而出，夹道礼拜，场面犹如皇室出巡，倒成了西域一时胜观。

可是玄奘万万没想到，高昌一别便是永诀。高昌介于唐朝与西突厥势力之间，麴文泰玩弄两面手法，表面上归顺唐朝，实际上亲近西突厥。贞观十四年（640），唐太宗以高昌阻断商路为借口，令大将侯君集讨伐高昌，麴文泰惶骇中发病身亡，高昌国也随即灭亡，作为一个州并入大唐版图。

经行廿四国

玄奘一行从高昌起程，经无半城（今托克逊东北的布干台）、笃进城（今托克逊），进入焉耆国。

焉耆国东西600多里，南北400多里，地处东西交通路线的要冲，自古以来便是兵家必争之地。玄奘西行经过此地时，焉耆已经衰落，国小兵弱，经常遭到别国的攻掠，境内盗贼很多，玄奘一行就遭到强盗的骚扰。

那是玄奘进入焉耆第二天的事了。玄奘一行和几个商队结伴过银山（今库木什大山），这段山路长达150里，山中强盗很猖獗，小商队根本不敢走。玄奘一行忐忑不安地行进在银山道中，四下张望，生怕强盗们从哪个角落里杀出来，大家都把防身武器拿在手中。过了银山西边，马上就出山了，大家都松了口气。不料山道一转，旅客们才发现前边的路口已被大队土匪塞住了，他们舞刀弄枪，大声叫嚷着，要旅客们留下财物。幸好他们人多势众，又有武器，强盗们不敢轻举妄动。经过交涉，商人们抛下一些财物，强盗们就放行了。

当晚，玄奘一行在开都河北岸住宿。其中一个小商队以为已经脱离了危险，贪图贸易，夜半就起身赶路，临行时也没惊动别人。第二天清晨，玄奘一行出发，走了10多里，就在路上发现了他们的尸体，数十人都倒在血泊中，无一幸免。看来，他们遇盗后，力战不屈，都被强盗们杀害了，财物也被洗掠一空。尸体上血迹未凝，令人触目惊心。离喋血现场很远了，玄奘心中仍然百感交集，深觉前途多艰，自己以身殉道自然无怨无悔，可这么多随从也与自己一道丧身异域……正在这时，一个随从喊：

"看！焉耆国都到了！"

前面隐隐现出一座大城的轮廓，玄奘将伤感抛开，策马赶路。焉耆王早已接到报告，带领大臣迎接，延入供养。焉耆国小兵弱，常受高昌欺凌，焉耆王听说玄奘与高昌王结拜，记恨前仇，只提供食宿，不肯提供马匹。玄奘在焉耆住了一夜便离开了，向西南方向走200多里，翻越一座小山，渡过两条大河，来到了一片平原，又走了700多里，到达龟兹国。

龟兹国东西1 000多里，南北600多里，这是一个以佛教和音乐著称的国家。从公元3世纪中期开始，龟兹佛教就日趋隆盛，到了4世纪，鸠摩罗什在祖国宣扬大乘教义，龟兹佛教进入鼎盛时期，国内僧尼达万人。今天沙雅河畔的库木土拉千佛洞、克子尔河畔的千佛洞，都是古代龟兹佛教的中心地区。龟兹高僧到中国内地传教译经的人很多，鸠摩罗什就是其中一位翻译巨匠，为佛经输入中原立下了汗马功劳，其他如白延、帛法巨、帛元信等都是中国佛教史上有名的人物，他们译经所据的原本也大多来自龟兹。鸠摩罗什离开龟兹后，小乘教在国内又占了优势，但佛教仍未衰落，玄奘路过该国时，国内有佛寺100多座，僧徒5 000多人。在这个佛学气氛浓郁的国度里，玄奘多希望这里能有名师来消释自己心中的疑难啊！

玄奘贞观三年春出国，到达龟兹国时已是深冬。龟兹王在王城（今新疆库车）东门外组织了盛大的欢迎仪式，数千龟兹僧徒大张布幔，奏起具有民族特色的龟兹乐。玄奘一到，龟兹王率领大臣、高僧出迎，宾主相互问候，依次就座。龟兹风俗，如有远方高僧来到本国，各寺选派一人向高僧献花敬浆。一个僧人走上前来，把一束鲜花献给玄奘，等玄奘把花敬放在佛像前，回来就座时，他又捧了一杯葡萄浆献上。接着，另一个僧人向玄奘献花……就这样，玄奘接受了100多盘鲜花，繁琐的仪式持续到日落时分才结束。

葱岭北部的凌山（今穆素尔岭）是中西交通线上必经的要道。由于山路艰验难行，山谷终年积雪，只有盛夏最炎热的时候才短时消融，但很快又冻成冰，往来旅客多在此时过山。玄奘计算了一下里程，决定在龟兹逗留一段时间再动身。一来因为凌山雪路未开，二来因为龟兹冬季气候温和，舒畅宜人，人民真挚相处，风俗淳朴，何况它还是一处佛教圣地，古迹极多，说不定还能有名师来点悟自己呢。考虑到这些，玄奘一行在龟兹住下来，每日游览山水，礼拜圣迹，与各寺的高僧们交流思想，研讨经文。玄奘有个好习惯，他每日把所见所闻都记录在油绢上，在龟兹逗留的两个月期间，他把龟兹的著名佛寺佛迹都记录下来，后来收入《大唐西域记》，成为我们今日研究龟兹历史的宝贵资料。

龟兹王城西北处有座奇特寺，庭院宽敞，佛像造工精巧，是龟兹名刹。寺中和尚严肃敬穆，勤奋不懈，都是年高德劭、学识渊博的高僧。奇特寺的主持木叉毱多则是国内公认的佛学大师，曾经在印度游学20多年，精通佛典，尤其擅长声明学（即声韵学，古印度五明学之一）。上到国王，下及平民，都把他当做活菩萨看待，甚至国家大事国王也要征求这位高僧的意见后，再行宣布。

玄奘初时很尊重这位龟慈国师，虽然见他态度傲慢，谈论佛学也带点刁难的意思，但并没有放在心上。后来，玄奘听说木叉毱多专信小乘，公开诋毁《瑜伽》是邪门歪道，心中颇生反感。于是，玄奘找到木叉毱多辩论《瑜伽》，并就毱多精通的小乘经典《毗婆沙》《俱舍》提了几个疑问。木叉毱多瞠目结舌，一个也解答不了，最后借口年纪大了，记忆力衰退，许多佛经都忘了，就这样不了了之。玄奘告辞出寺后，木叉毱多感慨地对徒弟们说："这个中国和尚真不简单哪！今日印度的壮年学者，像他这样渊博的也不多呀！"

从此，这位龟兹国师在玄奘面前也傲慢不起来了。玄奘心中有些失落，觉得鸠摩罗什东去后，龟兹佛教便走了下坡路，大乘教在这里已湮没无闻，只剩下小乘教一花独放。龟兹僧人立身清白，醉心于佛学研究，只是他们拘泥于渐教教义，这样下去恐怕会钻进死胡同。玄奘在佛学理论上驳倒了木叉毱多，但他仍虚心向毱多请教声明学上的疑难，从这件事上可以看出，玄奘的胸怀是多么宽广，多么善于取人之长，而补己之短。

两个多月后，玄奘离开了龟兹，继续西游。龟兹王又组织了盛大的欢送仪式，首都僧俗人众倾城相送。

从龟兹向西走600多里，经过小沙碛，便到达姑墨国（今哈拉玉尔滚及附近地区）。玄奘在《大唐西域记》中记述姑墨国的风俗、文字、语言和物产，虽然简略，但因姑墨国较小，中国史书历来不为姑墨立传，所以玄奘的记述对姑墨史研究相当重要。

在姑墨城歇宿一夜后，玄奘一行折向西北，走了300多里，度过石戈壁，便到达了凌山。凌山位于葱岭北端，又名冰达坂，自然条件恶劣，玄奘一行在这里受到了严峻考验。

　　凌山山高连云，终年积雪，放眼望去，白皑皑一个银色世界。山路崎岖，寒风凛冽，加上雪崩随时可能发生，自古以来便是中西交通线上的鬼门关。法显在《佛国记》中记述他的葱岭之行时说："葱岭冬夏有雪，又有毒龙，若失其意，则吐毒风，雨雪，飞沙砾石，遇此难者，万无一全。"玄奘也在《大唐西域记》中描述说："山谷常年积雪，即使春季夏季也是封冻的；纵然有时消融，但很快又冻成冰。山路崎岖艰险，而且寒风惨烈。这里还经常发生'暴龙'侵犯行人的灾难。凡是走此路的人不能穿红褐色的衣服，不能携带瓠瓜，不能大声呼喊，稍有违犯，灾祸随时可能发生在眼前：狂风骤起，雪沙弥漫，落石如雨，碰上的人就会送掉性命，很难幸存。"单从这段描写来看，便能体会到玄奘攀登此岭的艰险情状，使人惊心动魄。

　　玄奘一行为攀登凌山做了不少准备工作。他们抛弃了大量不必要的东西，精简行装；每人都准备了足够的防寒衣帽，以防冻伤。玄奘派了20个人在前面开路，自己率领大队在后，攀援悬崖断壁，一步一步向上爬。开路的都是精壮能干的小伙子，他们手持斧头、凿子和铲子，清理填塞在路中的乱石和冰雪，这些都是雪崩时掉落下来的。第一天，小伙子们就被一道断崖阻住了，断崖上结了冰，厚厚的，小伙子们用斧头和凿子在冰崖上凿出一个个小坎，好容易才攀上了崖顶。行李也运上来了，但马匹又让他们犯了难，玄奘见断崖不太高，急中生智，建议用带子把马吊上去。大家商量了一下，觉得这个办法不错，便七手八脚地用带子缚住马，上面的人拉，下面的人推，终于把一匹马吊了上去。等到人马都已平安攀上崖顶，太阳早已落山，山上没有一块干燥的地方，玄奘他们只好把锅子吊起来煮饭，吃完饭后大家就睡倒在冰山的积雪上。第二天，一场大雪崩夺走了几个同伴的生命。马匹也损失了一些，有的死于雪崩，有的滑进了深谷，还有的在乱石中折断了腿，这时，玄奘一行已深入到凌山内腹里了。作为一个虔诚的佛教徒，玄奘早已把自己的一切献给了佛教事业，在今天看来，这一点并不可取；但正是这一点，成了鼓励他克服重重困难、跋涉千山万水的动力。玄奘在凌山恶劣的自然条件下得了寒疾，但他没有畏惧，也没有退缩，仍和同伴继续前进。第七天后，他们终于走出400多里的凌山。高昌国的那些随从人员却十成中死去三四成，驮马损失更多，幸存者回头望见这座直耸云际的冰山时，仍觉全身发冷，寒意袭人。

出了凌山，便是大清池（今吉尔吉斯斯坦境内的伊塞克湖）。大清池又叫热海，方圆1 000多里，东西宽阔，南北狭窄，四面群山环绕。玄奘一行从大清池往西北走500多里，到达素叶水城（今新疆叶城）。这里是唐代诗人李白的出生地，也是西突厥肆叶护可汗的牙帐所在地。

肆叶护可汗是西突厥强盛时期的一个统治者，西域诸国都是他治下的属地。当时，肆叶护可汗正打算和大唐结盟，准备联手对付北突厥，加上高昌王麴文泰是他的亲戚，又送了一份厚礼，所以玄奘受到了热情的款待。玄奘在素叶水城停留数日，为西突厥的达官贵人讲经说法。肆叶护也曾一度挽留他，说：

"法师不要去印度了，那里天气炎热，十月金秋，气候居然和这里五月盛夏的气候一样，热得让人受不了，法师恐怕经不起那边骄阳的炙灼。再则说，那里的人袒胸露乳，皮肤漆黑，也没什么威仪，实在不值得去观光。"

玄奘见这位君主竟把气候和相貌当借口挽留自己，心中好笑，口上却严肃地说：

"贫僧西游目的是访求遗法，仰瞻圣迹，至于别的都不在考虑之中。"

肆叶护本来就不是真心挽留，见玄奘意志坚决，也就抬手放行了。临别时还布施了一件上好的袈裟，50匹绢，同时派人通知属下各国，当法师过境时给予款待。在肆叶护可汗的关照下，玄奘顺利地通过了西域10多个国家，到达北印度。

玄奘一行离开素叶水城后，经千泉、咀逻私城、小孤城、白水城、恭御城，行程1 000多里，抵达奴赤建国（养吉—巴沙儿）。

奴赤建国方圆1 000多里，土地肥沃，花果繁盛，是一个盛产葡萄的地方。从这里西行200多里,就到达了石国(今旧石城)。

石国方圆1 000多里,土质、气候与奴赤建国相同。石国是西突厥的附庸,后来背叛了,遭到西突厥的残酷镇压,国王被杀,玄奘经过该国时,石国仍处于分裂状态,没有国王。

以石国到缚喝国这段路程中,玄奘记述了许多国家,其中大多数是得自传闻,而不是他亲身经历过的地方。玄奘这段行程大致如下:从石国出发,西南行进1 000多里,到达窣堵利瑟那国(乌拉—求伯)。又西北经扎明到达季扎克,再向西南进发,抵达康国(今撒马尔罕)。玄奘从康国起程,向西南前进300多里,来到史国(今沙里—舍布斯)。又经过突厥要塞——铁门关,经吐火罗旧地,抵达阿姆河。顺阿姆河而下,到了咀蜜国(今特尔梅兹)。最后,迂道经由活国(今昆都斯),到达缚喝国(今巴尔赫)。

缚喝国是雪山以北著名的佛教圣地,号称小王舍城。国内有寺庙100多座,僧徒3 000多人,佛教隆盛。小王舍城西南郊有一座大佛寺,寺内珍藏着佛澡罐、佛牙、佛扫帚,这3件东西据说都是佛祖遗留下来的,每逢斋日,寺里的和尚们便把3件神物陈设供奉起来。大佛寺中的佛像都是用宝物造成的,殿宇也用各种奇珍异宝装饰得金碧辉煌,所以吸引着成千上万的佛教徒,从远方奔赴这里。在大雪山以北的地区，只有这座佛寺里，历代佛学大师为宣扬佛教而撰述经论的事业一代代传下来，经久不衰。玄奘来到大佛寺瞻拜圣迹，和北印度高僧慧性邂逅相识，结为密友。

慧性是小乘三藏法师，他久闻大佛寺圣迹之名，专程赶来礼拜。玄奘对佛教理论毫无宗派门户的偏见，自己虽然醉心于大乘经典，但只要遇到明师，他都虚心学习。这次，他从师慧性研读小乘论著《毗婆沙海》和《毗婆沙论》。两人一起研究经论，互有补益。慧性在了解玄奘西游目的后，被深深地感动了，他自告奋勇，伴随玄奘南行。

玄奘在缚喝国停留期间，曾绕道到附近两个小国访问，回来后，在熟悉地理的慧性陪伴下，进入大雪山。大雪山山高谷深，四季冰雪，积雪填满山谷，人行小道崎岖难行。玄奘在凌山时得下的寒疾又发作了，而且一次比一次痛苦，他面容憔悴，两脚蹒跚地跋涉在积雪没膝的山谷中。随行人员都被法师无怨无悔、义无反顾的无畏精神感染了，大家克服了各种困难，走出了600多里的大雪山，经过梵衍那国到达迦毕试国（今阿富汗的贝格拉木）。

迦毕试国方圆4 000多里，四面环山，易守难攻。迦毕试王勇猛善战，富于计谋，统治着10多个小国。这位国王爱护百姓，崇敬三宝，在他的倡导下，国内佛教隆盛，有佛寺100多座，僧徒6 000多人。玄奘到的那天，国王和僧俗都出城远迎，以礼相待。玄奘在国内的沙落迦寺坐夏（坐夏是古印度教徒遵照释迦牟尼的遗法，每年雨季的3个月间入禅静坐，也叫坐腊。我国佛教徒在农历四月十六日到七月十五日坐腊，因时处夏季，称坐夏），坐夏期间他和慧性一起为迦毕试国僧人讲说大乘经义。两个多月后，慧性为吐火罗王讲经，玄奘和好友互道珍重而别，独自向印度进发。

　　玄奘从迦毕试国往东走600多里，翻过山谷连绵、峰峦险峻的黑岭（今兴都库什山南），进入北印度，开始了他巡礼圣迹、访求名师的印度之游。

圣迹与名师

印度是一个文化悠久的古国。从远古时代起,印度人民便在那块肥沃的土地上生活。公元前1100年前,印度人民在两河流域建立了许多小王国,其中最大的一个是摩揭陀国。经过几代人的苦心经营,几百年的浴血奋战,摩揭陀国基本统一了北印度。到了公元前4世纪末,一个为国王饲养孔雀的人夺得王位,建立了强大的孔雀王朝,我国史书上称为月护孔雀。月护王的孙子就是印度史上有名的阿育王,他把帝国的版图扩大到北起喜马拉雅山、南到迈宇尔以北、东抵阿萨姆西界、西达兴都库什山的广大地区,建立了印度历史上第一个幅员辽阔的统一帝国。阿育王用武力平定天下后,认识到征服人心的重要性,就皈依了佛教,用文治来巩固统治,他的业绩类似我国的秦始皇，至今还声名显赫。今天到印度观光的游客，都会惊奇地看到，以阿育王命名的商店、旅馆、企业遍布全国各地。

公元前184年，孔雀王朝覆灭，印度又陷入分裂混战中。经过400多年的内部纷争和外族入侵，到了公元320年，在摩揭陀兴起的芨多王朝，又逐渐统一了印度，维持了200多年的统治，这段时间被称为印度的"黄金时代"。法显就是在这一时期游历印度的。

5世纪中叶，中亚的嚈哒人侵入印度，消灭了芨多王朝。到了6世纪初，北印度的戒日王击退了嚈哒人，征服了中、东、北印度的许多小国，建立了乌茶王朝。戒日王拥有5 000象军，2万骑兵，5万步兵。以恒河西岸的曲女城为首都，基本上统一了北印度。玄奘就是在这个时候来到印度，并和戒日王结下了浓厚的友谊。

印度和中国久有往来，但都是商人，要不然便是西去求经的中国高僧和东来传法的西域和尚，直到唐代，两国才有了正式的外交往来，这一点玄奘是功不可没的。玄奘到了印度，向戒日王简略介绍了唐太宗李世民的丰功伟绩，戒日王听后，对李世民的文才武略感到钦佩，特派使者到中国上书，从此两国开始有了外交往来。乌茶王朝并不像孔雀王朝和芨多王朝那样强大显赫，戒日王能名垂千古，大半得归功于玄奘归国后写成的《大唐西域记》。戒日王死后，王朝又分裂了。

作为一名虔诚的佛教徒，玄奘最留意的便是圣迹和名师。哪里有佛祖遗迹，他都不计艰危，千里仰瞻；哪里有名僧大德，他都不辞路远，前去拜师学习。印度是佛教的发源地，佛教圣迹星罗棋布，大师也很多，玄奘的足迹也因此遍布印度。玄奘回国后，凭着他深厚的功力，广博的见闻，写成了12卷《大唐西域记》。这部书范围广泛，材料丰富，除了记载大量佛教圣迹和神话传说外，还详细记述了各国各地区的风土、人情、物产、信仰等等，成为后世研究中古时代中西交通和中亚及印度等国历史的宝贵资料。

玄奘印度之行的第一个国家叫滥波国。从滥波国都城东南走100多里，渡过喀布尔河，就到达那揭罗喝国。

那揭罗喝国有许多传教圣地。据说如来佛曾来到此地，降服了毒龙，并在石上留下真影。玄奘在都城附近仰瞻了不少佛教遗迹，却不见佛影窟，便向当地人打听，当地人说，城西南20多里处的小石岭上有座荒废的古庙，佛影窟就在附近的石壁上，只是古庙荒废已久，崎岖的山道上野草没膝，经常有土匪活动在这一带，很少有人敢去参观礼拜。玄奘听了介绍后，觉得如来的真身像影万载难逢，决定去拜瞻一番，就问路如何走，当地人惊讶了，说：

"我说过，这小石岭十分偏僻，经常有土匪出没。而且，佛影像现在已经看不到了。听老人们讲，从前佛影像光彩焕发，32相80种好都具备，俨然像活着的真人一般。到了近代，佛影像就看不到了，据说只有真心信佛的人至诚祈祷，才能暂时显现，一会又消失了。可我活了这么大岁数，还没听说有人看到佛影像，法师何必为此冒生命危险？"

玄奘微笑不答，转身问同伴：

"你们谁愿陪我走一遍？"

同伴们你看看我，我看看你，脸上齐现为难的表情，玄奘知道他们怕强盗，也不勉强，一个人拨草寻路，寻到了小石岭古庙，古庙殿堂崇高，楼阁成重，只是雀屎满庭，苍苔覆阶，可见很久没有和尚住过了。在古庙西南，有个陡峭波逐流的深涧，瀑布飞流直下。东崖石壁有一个小洞，相传就是如来降伏的那条龙的洞穴。玄奘钻过狭小的洞口，窟穴冥暗，洞顶滴下水来，一直流到下面的小径上。玄奘虔诚地拜下去，可洞内水气弥漫，光线又暗，一切都影影绰绰的，看不清楚。玄奘又一一礼拜了洞穴附近遗迹，然后原路返回，会齐同伴后出发，出城东南行30多里，到了佛顶骨城，瞻仰了佛顶骨、七宝塔、佛袈裟等圣物。从此东南行500多里，来到健陀逻国（今巴基斯坦境内）。

健陀罗国东临印度河，东西1 000多里，南北800多里。首都布路沙布罗（今白沙瓦）是个大城，方圆40多里。城乡空荒，居民稀少，国人多崇拜外道，不信佛教，历史上它却一度是佛教隆盛的地方，许多佛学大师如无著、世亲、如意等人都出生在这里。如今国内空余圣迹，1 000多所佛寺多已摧残荒废，满目破烂萧条之色，玄奘虔诚地礼拜圣迹，并把高昌王送给他的财物分别布施给各大寺院。

乌铎迦汉荼城（今巴基斯坦阿托克北）位于健陀逻国东南境，南临印度河，是印度交通要道。在这里，玄奘听说东边的乌仗那国和钵露罗国圣迹很多，而且乌仗那国佛经甚多，尤以律藏丰富著称。为此，玄奘特去东游，跋山涉水，游历两国后重回乌铎迦汉荼城。从此南渡印度河，经呾叉始罗等数国，来到罽宾国。

罽宾国（今克什米尔地方）位于喜马拉雅山西麓，四面群山环绕，国内多名僧大德，是小乘佛教的发源地之一。2世纪时，印度贵霜王朝的一个国王信佛心诚，他发现如来去世后，弟子们各成部派，论师们也异议纷纭，各家学说分歧很大。为了更好地宣扬佛教，他请了以世友尊者为首的500佛学大师在这里集会讨论，这就是佛教史上著名的第四次结集。他们集体编纂了《大毗婆娑》，完整解释三藏，对佛教教义作了彻底研究。为了研究小乘佛教义理，玄奘在罽宾国刻苦学习了两年。

罽宾国热情款待这位异国高僧。国王派妻弟在边境迎接，自己率领大臣，僧侣在都城门外恭候。玄奘到时，音乐震天，香花满地，法师骑上大象，在千人簇拥下住进阇耶因陀寺。国王召集来几十位高僧，与玄奘讨论佛学，一切费用均由国家承担，这是玄奘进入印度国境后第一次受到的特殊礼遇。

阇耶因陀寺主持叫称法师，他学识渊博，佛学造诣极深，加上寺内还收藏着《大毗婆娑》，真经名师具备，玄奘如鱼得水，在这里专心学习小乘经典。称法师已是年近古稀的老人，对玄奘大是垂青，他不顾年迈体衰，悉心传授小乘经典《俱舍论》和《顺正理论》，余暇则讲解因明（逻辑学）和声明（音韵学）。玄奘都能领悟无遗，称法师高兴之余，略带感伤地对玄奘说：

"你天赋极高，悟性不凡，看来能继承世亲菩萨事业的人非你莫属了。我晚年能有这样一位佳弟子，大慰老怀，盼你东归后，能光大遗法。我寺中人才凋落，后进无人，只怕佛教在本土反要衰微了。"

玄奘完成学业后，又一一参拜了国内圣迹，便离开罽宾，重新踏上他访求名师、巡礼圣迹的旅途。一路历尽跋涉苦辛，也饱览了异国风光。

玄奘路经北印度的至那仆底国时，受到当地人民隆重的接待。据说，在贵霜王朝迦腻色迦王统治时期，我国河西有个民族敬畏他的声威，把王子当做人质，送到他那里去。迦腻色迦王给予优厚的待遇，派马、车、象、步4个兵种组成警卫部队，并在一年之中，按季节变化为质子调换宾馆。这里是质子冬天居住的地方，所以叫至那仆底（译成汉文就是"汉封"的意思），国名也就叫至那仆底国。以前，这地方和其他印度各国一样，都不种梨桃。质子来后才开始种植，当地人把桃叫做汉持来，把梨叫做汉王子。因此，这个国家的人民十分敬重唐王朝，指着玄奘说：

"瞧那位大唐和尚,他就是我们先王的同胞啊!"

至那仆底国南方有座暗林寺。这个寺院年代久远,里面有过去四佛的座位和散步场所的遗迹,还有阿育王建造的大塔,至于其他供舍佛舍利的小塔不计其数,塔影相连,无比壮观。庙里有300多和尚,仪表肃穆,德行清高,学习小乘说一切有部,对小乘学派理论有很高深的研究。其中有位叫调伏光的高僧,原是北印度王子,他舍弃了世间的荣华富贵,出家修行。他精通三藏,著有《五蕴论释》《唯识三十论释》。玄奘在暗林寺停留数日,跟他学习《对法论》《显宗论》等等。

玄奘一路行来,进入中印度国境。中印度是释迦牟尼成道说法的地方,佛教最盛,圣迹棋布,大师林立。玄奘在中印度先后游历30多个国家,其中秣底补罗国给他留下很深的印象。

秣底补罗国京城南有座小寺院。德光论师曾在这里居住,写了《辨真》等100多部著作。德光是位佛门奇才,博通物理,识见高强,他原来修习大乘教,后来读到《毗婆娑论》,改学小乘,写了不少论著攻击大乘教。玄奘对德光执著于小乘不以为然,但对他的论著很感兴趣,德光论师逝世已久,他的弟子还健在,玄奘就跟一位90岁的老僧学习《辨真论》、《随发智论》等等。

德光寺附近有座大寺院,那里是众贤论师去世的地方,寺外还有收藏他遗骨的石塔。众贤论是罽宾国人,聪慧机敏，博学高才，幼年时就受到佛学界的高度赞誉。他最精擅小乘说一切有部《毗婆娑论》，当时世亲菩萨为宣扬大乘教义，写出了《阿毗达摩俱舍论》，驳斥了毗婆娑论师的小乘教理论。这部书情文并茂，理趣精高，西域佛教徒，尤其是大乘教徒，对它赞不绝口。众贤心中不服，他殚精绝虑，闭门著书12年，写出了《俱舍雹论》25 000颂，计80万言。写成后去找世亲面定是非，但没见到世亲就病死了。后来世亲见到这部论著，认为众贤的见解确有高明之处，就把这本书改名为《顺正理论》。玄奘最喜爱瑜伽行派法理，他归国后创立法相唯识宗，就是完全师承瑜伽行派创始人无著、世亲兄弟。他对这两位印度大师心仪已久，因此，玄奘对《顺正理论》也研究得很透彻。

　　玄奘的旅行并非一帆风顺的。爬山渡水，风餐露宿，这些困难都好克服，随从众多，毒虫猛兽也不能近身，只是对那些出没无常的强盗，玄奘却手后无策，他中途多次遇盗，有两次非常危险，但玄奘十分冷静，最后都幸运地避过厄难。

　　一次，法师一行在大丛林中赶路，不料被50多个强盗拦住了。强盗们把众人的财物洗掠一空，又挥刀把众人赶进枯池，打算杀人灭口。枯池中长满荆棘，众人的手脸都被刺得血迹斑斑。玄奘从高昌带出来的一个小和尚很机灵，他发现池南有个水洞，乘强盗们忙于瓜分财物的机会，小和尚拉住玄奘，两人钻过水洞，爬出枯池。

玄奘和小和尚脱离危险后，立刻跑去找人解救被困的同伴。跑了没多远，他们遇到一个正在耕地的农夫，得知情况后，农夫吹起号角，不一会儿，80多个村民闻讯赶来，大家带着武器奔赴出事的地点，吓跑了强盗，把众人救出来。众人财物都被抢光，有的人衣服也被强盗剥走了，大家都很难过，痛哭失声。只有胸怀坦荡的玄奘毫无戚色，谈笑自如，他开导大家说：

"一个人最宝贵的财产就是生命，生命保住了，这是值得高兴的事呀！钱财都是身外之物，失去了还可以挣回来嘛。"

玄奘的另一次厄难也十分惊险，脱险的经过也富于传奇色彩。

那一天，玄奘一行乘船顺恒河东下，准备到阿耶穆法国去巡礼圣迹。船行百里，旅客们忽然发现两岸密林中划出10多只小船，船上人挥刀舞棍，显然是一伙强盗。强盗们鼓棹逆流驶来，围住了大船，命令船夫划船靠岸，船上的旅客都惊慌无措，几个怯懦的旅客怕遭强盗凌辱，投水自杀了。船靠岸后，旅客们都被赶上岸，强盗们逼着他们脱光衣服，以防他们把珍宝藏起来，然后他们开始搜索珍宝。

印度一带的强盗都供奉突迦天神，每年秋天杀人祭祀，以求天神保佑，强盗头目发现了玄奘，如获至宝，对同伙说：

"祭神节将到，正愁没有好祭品，你们看，这个外国和尚方面大耳，一脸福态，杀了供神一定会大吉大利！"

玄奘的随从们大惊失色，立刻跪下来向强盗们求情。玄奘本人倒十分镇静，他委婉地和强盗们解释：

"贫僧一具臭皮囊，居然能作为祭品供神，本来不该吝惜。只是我关山万里，来到贵国参拜圣像，就这样被你们杀了，佛祖怪罪下来，对你们恐怕也不吉利。"

强盗头目见玄奘如此镇定，便想吓倒他，狞笑着走上前来，把弯刀架在玄奘的脖子。和玄奘同行的商人早已被玄奘舍身求法的无畏精神所感动，何况西行途中朝夕相处，患难与共，玄奘法师人品高尚，操行严谨，大家一提起来，都说他不是有道高僧，而是菩萨转世。今天见法师有难，大家都跪下来，求强盗们开恩，有人甚至愿以身相代。

玄奘叹了口气，自知难免，索性闭上眼睛，强盗们见他视死如归，更奇怪了。就在这时，河面上忽然刮来一股旋风，折树飞沙，翻波涌浪。强盗们大惊，忙问玄奘从哪里来，旅客们齐声喊：

"这位是支那国的高僧，你们杀了他会得罪菩萨的，快放了他吧！"

强盗们以为玄奘真有菩萨保佑，一齐跪倒叩头赔罪，将衣物各归原主，放众人上船。船走了好久，旅客们惊魂甫定，回想起刚才那惊险的一幕，恍如做了一场大梦。

留学那烂陀寺

贞观五年（631）冬，玄奘抵达摩揭陀国。摩揭陀国位于恒河南岸，是五印度诸国中的大国，首都巴连弗（今巴特那），又名香花宫城。玄奘求学的目的地那烂陀寺就在香花宫城东南90千米处。他到了香花宫城后，并没有直接赶赴那烂陀寺，而是绕了个圈子，参拜了主要圣迹后才来到那烂陀寺。

那烂陀寺是当时印度最大的佛教学院。是当时名扬四方的佛教中心，各地僧人如有疑难都到那里去求教。

那烂陀寺这个地方，最初是一所著名园林，名叫庵没罗园。后来有500个商人用10亿金钱把它买下来施舍给佛，作为说法场所。据老人们说，寺南的庵没罗树林中有一个水池，池中有条龙叫那烂陀，后来寺庙建在池边，所以就取了这个名称。

佛圆寂不久，摩揭陀国的一位国王在此地建了一所寺庙。他儿子继位后，在寺庙前面又建了一所佛寺。后来又有两位国王分别在寺庙周围各建一所佛寺。最后，中印度王又在附近建了一所大寺，然后修起高墙把5所佛寺圈在一起，合用同一座大门，这个大寺院就是那烂陀寺。经过历代君王累世兴建，那烂陀寺规模宏大，殿宇壮丽，寺内大佛像，都用各种璎珞珍宝、各种鲜花装饰，佛像庄严。寺院内外圣迹数以百计，不可名状。

那些陀寺主客僧徒近万人，研习大乘，兼习小乘十八部以及俗典《状陀》等经书，其中精通20部经论的有1 000多人，精通30部的有500多人，至于精通50部的高僧只有9人，玄奘来后才凑足10人之数。精通50都的高僧可享有"三藏法师"的尊称，但要能精通五十部经论，又谈何容易。那烂陀寺住持戒贤法师已年过百岁，仍博闻强识，大小乘典籍，无不通达，众望所归，大家尊崇他为"正法藏"，连国王也不敢直呼其名。他就是玄奘要找的明师，唯一能为玄奘讲解《瑜伽师地论》的明师。

玄奘远涉山川，一路访求名师，巡礼圣迹，他的大名早已传遍印度。一听到他将至的消息，那烂陀寺上下人众立即行动起来，先派4位高僧远出迎候。第二日早饭后，玄奘来到那烂陀寺，早有200名僧人，引着1 000多俗众，手持鲜花，迎玄奘入寺。

入寺后，知客僧（佛寺内主管接待宾客的僧人）为玄奘引见了寺内的高僧大德，并为他安排了住处。然后，由20位地位尊崇的僧人引导玄奘去参见戒贤法师。玄奘见了戒贤，依照印度仪式，恭恭敬敬地顶礼参见。戒贤命法师入座，开口问道：

"法师从何处来？至此有何打算？"

玄奘微微一愣，心想自己遍历西域诸国，名誉远播，印度老幼妇孺都知道自己是大唐来求经学法的和尚，戒贤法师何必明知故问？玄奘心怀疑虑，但仍恭恭敬敬，双手合十说：

"从支那国（古代中国别称）来，欲从法师学习《瑜伽师地论》。"

戒贤听说，热泪直流，便唤弟子觉贤说：

"你可向众人说说我3年前病恼的因缘。"

觉贤既是戒贤的弟子，又是他的侄儿，当时也是一位年过70的老僧，学识渊博，谈吐文雅，他说：

"3年前，正法藏身患重病，全身如有利刃割刺，苦不堪言，正想绝食自尽的时候，忽梦一金身人来告：'有一支那僧，来此求学，已在途中，3年后到，你应向他传播佛教真义，使大法流通。'说完就不见了。"

觉贤说到这儿，转头问玄奘：

"法师在路上已有几年了？"

玄奘惊道：

"正好3年。"

戒贤3年前身患重病的事，那烂陀寺上下皆知，当下一听，众人顿时欢呼雀跃。

那烂陀寺寺法规定，寺内置三藏法师10人，受上等供奉。所谓上等供奉，就是除一般僧侣，享受的待遇外，每天额外供给担步果120枚，槟榔子20颗，豆蔻20颗，龙脑香1两，大人米1升（摩揭陀国特产粳米，大如乌豆，做饭奇香，因产量稀少，独供国王及多闻大德享用，故称大人米），同时，每月供应3斗油。免去杂务工作，出入乘象舆，另外有婆罗门1人，净人4人照料三藏法师的日常生活。当时那烂陀寺僧侣万人，能享受上等供奉的只有9人。戒贤当即宣布，以玄奘的学问和声望，免去层层递进台阶，命他为"三藏法师"，补足10人之数。因为玄奘在西域声誉正隆，再加上戒贤的奇梦，所以全寺僧人对此毫无异议。

玄奘初时对戒贤的奇梦深信不疑，在寺中住了一段时间后，才恍然大悟。原来，那烂陀寺在印度社会上地位极高，各界供养，十分优厚。国王特别拨出100多座城的收入供养寺内僧人，每邑每日进奉数百名粳米和酥乳，寺内僧人生活优越，不愁衣食。再加上它是佛教最高学府，名僧大德会集，所以各地僧人如水归大海般奔赴那烂陀寺，都想成为其中一员。为此，那烂陀寺制定了严格的考核制度，手续十分繁琐，条件相当苛刻。玄奘的学识、声望虽高，但要通过这重重手手续，只怕得三五年时间才能取得三藏法师资格。正因为如此，戒贤才伪托奇梦，破格升他为三藏法师，让他升堂入室，能得自己面授佛教胜义，使玄奘能早日完成学业。玄奘领会到戒贤法师的苦心后，激动得热泪盈眶。他暗下决心，决不辜负老前辈的厚望，早日完成学业，取经东归，让释迦遗法弘扬东土。

戒贤法师已经多年不讲经说法了，岁月不饶人哟，毕竟已是106岁高龄的老人了。可这一次，他又破例了，亲自给玄奘开讲《瑜伽师地论》。

戒贤法师亲自讲经，这件事非同小可，整个印度都轰动了，旁听者足有数千人。整整15个月，戒贤才讲完一遍。玄奘又请戒贤重讲一遍，第二遍也足足讲了9个月，方才讲完。戒贤讲完《瑜伽师地论》后，又讲了几部大小乘经典著作，对玄奘提出的疑难详加解释，玄奘受益匪浅。

玄奘在学习过程中，发现大乘瑜伽行派包含"五种姓说"，即将尘世众生分成5个等级，依次为菩萨种姓、缘觉种姓、声闻种姓、不定种姓、无种姓，等级之间界限公明。依这种说法，将一部分人看成是天生低贱种类，根本没有成佛的可能。而中土流行的大乘思想是"众生皆有佛性"，人人都可成佛。玄奘考虑了很长时间，认为种姓说太落后了，根本不适合中国国情。于是他向戒贤提出，想作些修正，但遭到戒贤严厉批评。师命难违，玄奘归国后创立法相唯识宗，就是完全恪守瑜伽行派的经典教义。因此，法相唯识宗的传播范围一开始就局限在上层社会，它盛行一时便告势微，就是过于拘泥旧教义造成的。

玄奘在那烂陀寺的留学生活相当紧张。在戒贤等名师的悉心指授下，晨夕无辍，刻苦钻研，主攻大乘教瑜伽行派的法相唯识学识，同时兼习小乘教及各类印度梵典。日月如梭，5年之后，玄奘已是学问大成，声名鹊起。但他仍不满足，在戒贤的鼓励下，离开那烂陀寺，到印度南方去寻师参学。

贞观十年（636）春，玄奘离开摩揭陀国，东行200里，来到伊烂拿钵伐多国。这里有两所大寺院，每个寺院各有僧徒近千人，学习的是小乘教说一切有部教义。寺中有两位大师，一名如来密，一名师子光，都精通《萨婆多》部。玄奘在这里停留一年，向两位佛学大师讨教，学习《毗婆娑》《顺正理论》等小乘论著。

玄奘另一个停留较久的国家是北印度的钵伐多国。该国与罽宾国接触，国内有两三位高僧，玄奘在这里住了半年，学习小乘正量部经论《根本阿毗达摩》《摄正法论》《成实论》等。

玄奘游学巡礼，遍历印度等数十国家，除上述两国外，他在其他各国停留时间很短，最多不过数月，少则一日。有的国家外道如云，向玄奘发难挑衅，但都在玄奘雄谈妙论下一败涂地，但更多国家的国王大臣一见之后，就与他结为知交，宛如生平旧友。这样过了4年，玄奘又回到那烂陀寺。

不久，玄奘再次离开那烂陀寺，前往杖林山。杖林山在摩揭陀国境内，距那烂陀寺不远。山坡山谷长满修长挺拔的竹子。据说，有个婆罗门，听说释迦佛身长1丈6尺，他不信这事，用竹杖去量佛的身高，而佛的身体总比竹杖高1丈6尺，于是他扔下了竹杖走了，竹杖就在那里扎下了根。杖林山新近来了一位胜军居士，出身于西印度皇族，先后拜在几位大师门下，深通内外典籍要义。胜军居士当时已经100岁了，言辞清楚，见地高深。门下弟子常有数百人，成分极杂，和尚、婆罗门、外道、俗家各界人士应有尽有，可见这位大师学识是何其渊博。

玄奘慕名赶来，向他讨教疑义。胜军居士以前曾向戒贤学过《瑜伽师地论》，论起来，他还是玄奘的师兄呢。玄奘和他切磋学问，讲论微言大义，十分相得，盘桓多日，才返回那烂陀寺，准备打点行李，择期回国。不料，他回寺后就卷入与外道较量的风波中，联搁了许多时日，却在印度力挫外道，获得最高声誉。

雄谈伏外道

玄奘这次回寺，戒贤见这位异国弟子饱参博学，贯通诸家，心中颇感宽慰，就叫他为寺众宣讲《摄大乘论》和《唯识诀择论》。玄奘讲完后，众人赞赏不已，都说法师识见高深，言辞博雅，令人叹为观止。

当时，印度思想界斗争激烈，据说思想流派最多时有363种，其中影响最大的是婆罗门教、耆那教和佛教。这些教派的信徒都把自己信奉的宗教看做正宗，而把别的宗教看做邪门歪道。就是在同一宗派的各个流派之间也有正邪之争，信徒们都认为自己信奉的是本教正宗，攻击别派是外道。斗争往往从口舌战发展成笔墨战，有时激化成刀兵相见的武斗。按印度通行的规矩，各种学派可以公开论战。胜利者可享受种种优厚待遇，失败者则受到严厉的惩罚，轻的有当众骑驴、粪尿浇顶等人身污辱；重的终身作为对方的奴隶，甚至当众斩首；如果有国王参与，说不定整个寺院的信徒都会受到株连。所以说，辩论是非可不是随随便便就进行的事。挑战者经过深思熟虑，有了必胜的把握，才敢向对方挑衅。同样，对手绝对不会贸然应战，在做好周密的准备工作后，才敢应战。辩论过程中双方竭力施展才能，弥缝本派缺点，攻击对方短处，甚至不惜采取造谣、暗杀等卑鄙手段。

佛教内部不仅有大、小乘之争，就是大乘教内部也有"中观宗"与"瑜伽宗"之争。中观宗，又称般若空宗，这一派信徒自称师承龙树、提婆，以《大般若经》经典，他们把大乘教另一派称为瑜伽有宗，竭力攻击《瑜伽师地论》。

玄奘参学南邦时，那烂陀寺来了一位叫师子光的高僧。师子光来到后，为寺僧讲解《中论》《百论》，并以两论为依据，以"空"攻"有"，指摘瑜伽学说，一时蛊惑人心，听讲寺僧颇多。

玄奘认为圣人当初提出大乘佛教思想时，并没有自相矛盾的地方。只是后来学者各有理解，因此产生歧义。龙树、提婆提倡的般若学，无著、世亲提倡的瑜伽学，二者是一脉相承的。实际上，空、有之说，本来相辅相成，二者不可割裂。所以玄奘回寺后几次前去与师子光辩，师子光无言应对，原先听他讲经的僧众都归附到玄奘这边来。

玄奘又用梵文写了《会宗论》3 000颂，把自己的观点表达出来，戒贤等高僧对这篇长论评价极高。连师子光读了后，也觉得玄奘的立足点比他更高，从此服输。

当时，中印度羯若鞠阇国的戒日王在印度诸国中威势最大，他是印度史上有名的国王，又是那烂陀寺的护法，曾在寺旁建造了一座10丈多高的精舍。戒日王在位时东征西讨，成为北印度的霸主，和我国历史上春秋五霸差不多。这次，他亲自去讨伐南印度的一个小国，在征途中有许多小乘论师求见，他们带来一部经疏，是南印度一位小乘高僧写的，名叫《破大乘论》，共700颂。这些论师联名担保，说此论水平极高，已将大乘佛教驳得体无完肤，因此，希望戒日王表态，支持小乘教。戒日王不以为然，他用挖苦的语调说：

"我听说狐狸在鼹鼠面前，自吹比狮子勇猛，可等它见到狮子呀，就吓得魂飞魄散。你们只不过没见到大乘高僧罢了，所以才这样固执。有朝一日你们有缘相见，只怕和狐狸见到狮子一样。"

小乘论师们怎么能咽下这口气，便要求和大乘论师辩论，一决高低。戒日王当即答应，并修书一封，驰送那烂陀寺，让戒贤法师选4位高僧前来应战。戒贤接书后，选定海慧、智光、师子光、玄奘4人应命前往。

出发的日子越来越近了，海慧、智光、师子光三人脸上的忧色也愈加沉重。3人找到玄奘，吞吞吐吐地露出不想去的意思。玄奘知道他们思想上有负担，对论战没有把握，担心失败后遭到惩罚。玄奘想了想，安慰3人说：

"这些年来，我对小乘各派经论都接触过，也下了一番研究功夫。他们想破大乘教义，简直是不自量力。"

玄奘见3人仍不表态，心中有气，说：

"各位不必多虑，万一论战失利，由我这个大唐僧人承担一切后果。我们立即起程吧，免得让人耻笑。"

师子光3人不好再说什么，准备明日动身。正在这时，有人来报，说是戒日王又有书来，嘱咐他们等待消息，不必马上赶赴行营。师子光3人如获在释，齐松了一口大气。玄奘见来人面有难色，欲言又止，问道：

"还有什么事？"

来人吞吞吐吐地说：

"刚才，寺门外来了一个人，大家都不敢出去了。"

师子光火了，说：

"来的是人还是狮子？怎么这么厉害？"

来人忙补充说：

"这个人是外道论师，是专程来寺挑战的。"

玄奘沉吟一下，说：

"照你这么说，寺内1万多人都被吓住了？这个人是谁呀？"

来人说：

"谁也不清楚这个家伙的底细。反正狂得很，他写了

40条论纲，贴在寺门上，发誓说：'700年来那烂陀寺一直以佛门领袖自居，我瞧也没什么了不起。只要寺内有人能破我一条论纲，我甘愿斩首。'大家见他大夸海口，不知道他是什么来头，都不敢轻易露面。"

师子光3人你看我，我看你，一个个哑口无言。玄奘也觉得十分棘手，因为不了解对手底细，他也不敢过于自负，只好各自回房。

几天之内，那烂陀寺数千高僧，竟无一人敢出寺门一步，只有仆役出入。

玄奘让仆役把论纲抄回，仔细一读，不由得哑然失笑，原来对手是个耆那教论师。耆那教的主要教义是不杀生、不说谎、不偷盗和不占有。教徒们往往修习各种怪异的苦行，有的一手长期高举，有的用荆棘铺床，有的拔光须发，还有一种"鸡狗戒"，就是像鸡一样终日一足站起，像狗一样吃人粪便。耆那教与佛教有相通的地方，所以耆那教徒往往熟知佛典，而那烂陀寺僧众整天研究的是大小乘典籍，对耆那教教义一知半解，难怪无人出头应战了。玄奘涉猎极广，对该教也不陌生，他看完论纲，略加研究，毅然出寺，消息传开，寺内僧侣倾巢出动，为玄奘助威。

在寺内高僧面前，玄奘口若悬河，滔滔雄辩，用佛教大义把耆那教论师的40条论纲一一驳倒，说得耆那论师哑口无言。玄奘又说：

"你们立论的宗本，不外乎6家。其中铺多外道、诸离系外道、髐鬘外道、殊征伽外道4家，只是在服饰行为上有所不同；数论外道、胜论外道二家在立义上有些差异。铺多外道多用灰涂身，活像灶坑中的猩猫。诸离系外道披发裸体，皮肤皴裂，好像河边的枯柳。髐鬘外道用骷髅穿成花环，挂在颈间，浑似坟边的恶鬼。殊征伽外道身穿秽衣，饮尿食粪，活像粪坑里的疯猪。多么愚昧荒唐的行为啊！可你们竟认为这是人生至道，岂非愚蠢万分！"

接着，玄奘又批评起数论外道和胜论外道的理论来。耆那论师万万没料到面前的外国和尚这么厉害，他理屈词穷，自认失败。

那烂陀寺众僧起先十分紧张，此刻欢呼声四起。当即有人找了把刀来，要耆那论师履行诺言，自行了断。玄奘忙止住众人，说：

"我佛慈悲，宽恕为先，我不害你性命，但你要禀受佛法，入我寺门，终身为奴。"

耆那论师保全了生命，连声称谢，旁观众人都赞扬玄奘胸怀博大。

戒日王的消息迟迟不来，想来正忙于疆场厮杀。玄奘却忧心忡忡，坐卧不安。原来，寺中已从别处把《破大乘论》抄来，交给玄奘4人研究，以便找出对手的破绽，日后论战时，心中也就有底了。玄奘把这篇700颂的论著反反复复看了几遍，发现有好几处疑难，都是自己没见到的，一时难以索解。

夜深了，玄奘还在灯下研究《破大乘论》，那个耆那论师在旁沏茶添水，侍奉法师。玄奘苦苦思索，仍未得其解，便问耆那论师：

"你以前可曾听说过这几处经义吗？"

耆那论师答道：

"曾经听过5遍，这是他宗偏僻经典，流传极少，所以世人罕知。"

耆那论师入寺后，感激玄奘的不杀之恩，当即将他所了解的情况一一陈说。玄奘大喜，经过仔细询问，尽得《破大乘论》意旨。当下奋笔疾书，针对《破大乘论》的基本观点，写成《制恶见论》1 160颂。论成之后，先呈戒贤审阅。戒贤细细读毕，认为该论水平极高，可见玄奘不仅佛学功底深厚，通晓内外典籍，而且把逻辑推理的格式和规则，运用得十分巧妙，以此论证万法唯识思想，精致严密，颠扑不破。他抬起头，感慨万分，说：

"此论已穷尽佛理，小乘教必败无疑。玄奘，你现在已是青出于蓝胜于蓝了，我这个老师也有点自愧不知。人生如露，光阴如电，这次论战一了，你就可以回去了，使大法弘化东土。"

说完，令人把《制恶见论》交寺内高僧传阅。大家看了后，叹为观止。

玄奘当着众人的面，对耆那论师说：

"论师一败为奴,耻辱太过,现在放你回去,随便去哪都行,你自由了。"

耆那论师欢喜辞出,直接回到东印度迦摩缕波国,他就是从那里来到中印度挑战的。

迦摩缕波国是东印度大国,国人崇敬天神,不信佛法,佛教兴起已千年,可国内一所佛寺也没有。外道神庙倒有数百所,信徒数万人,耆那论师归国后,谒见鸠摩罗王,称颂玄奘的学问道德。鸠摩罗王不信佛法,但对有道高僧也很尊敬,听耆那论师把玄奘夸得和天神差不多,大感兴趣,他当即发使来请,这一请不要紧,险些请来一场刀兵之祸。

曲女城盛会

戒贤接到鸠摩罗王的来书,和寺内高僧商量道:

"鸠摩罗王来人请玄奘,我问过玄奘,他欲待论战一了,便动身回国,不愿再远涉山川,虚延岁月。再说,他一走,戒日王那边如何交代,我寺中实在无更好的人选去折服外道。不如婉言推辞了罢。"

鸠摩罗王的使者几次徒劳往返,都没请到玄奘。鸠摩罗王大怒,派专使驰书那烂陀寺,扬言唐僧不来,就发兵踏碎那烂陀寺。戒贤劝玄奘走一遭,说:

"鸠摩罗王世代崇信外道,这次居然对您如此倾心,这是好事啊。佛门弟子,理应弘扬正法,他若因此改变信仰,您可功德无量哪!话又说回来,您远游异域,舍身求法,不就是为了普度众生吗?难道只是想着自己的国家?

您就去一趟吧！"

玄奘推辞不得，便随使者来到迦摩缕波国，鸠摩罗王如获至宝，尽心供养。

戒日王远征归来，一听说玄奘已去东印度了，发使前往迎接，鸠摩罗王拒绝了，说：

"我头可得，支那僧未可即来。"

戒日王闻报大怒，环顾侍臣说：

"东印度亦我属国，鸠摩罗王怎敢如此藐视我，竟为一个僧人出此狂言！你们准备粮草，训练士卒，择日出征。"

同时，他又遣使者传话，说：

"你说你的脑袋可得，就交付我的使者拿来吧！"

鸠摩罗王自知失言，为了消除误会，维持两国的友好关系。即派象军3万，水军3万，水陆并进，沿恒河西上，护送玄奘前往。

戒日王见他亲自送法师来到，知他敬爱法师，也就不责前失。见面之后，戒日王寒暄了一番，然后问玄奘道：

"大师从唐国来，真是不易。只不知大唐国在哪里？离此多远？"

玄奘回答说：

"在印度东北方向，离这儿有几万里，也就是印度所说的摩诃支那国。"

戒日王又问：

"弟子听说摩诃支那国有《秦王破阵乐》，不知秦王是何人，又有何功德值得这样颂扬？"

玄奘说：

"摩诃支那，是我国过去王朝的称号；大唐是我们现在国君的国号。他未继承王位前，被父皇封为秦王，现在做了国君，就称为天子。他少年时代就聪明伶俐，成年后勇猛善战。前朝天下大乱，国家分崩离析，百姓在战争中惨遭荼毒，全仗他大慈大悲，拯救众生，平定天下。八方安宁，万国称臣，庶民百姓感激他养育之恩，所以都在演唱《秦王破阵乐》。"

戒日王听后，仰慕不已。他又问：

"听说法师近作《制恶见论》，可曾带来？"

玄奘当即奉上，戒日王看后衷心悦服，把它拿给小乘论师，让他们驳难。20多个小乘高僧看完全文后汗流如雨，都说没想到大乘教中有此高手，自愧不如，无一人敢发言问难。戒日王见小乘论师们铩羽而归，非常高兴，就说：

"此论如此精彩，真是日光既出，萤烛失明。弟子和国内诸师都已信服，只怕别国小乘外道仍执迷不悟，弟子打算在曲女城召开法会，聚齐五印度和尚、婆罗门和外道，请法师开示大乘微妙，断绝外道毁谤之心。不知法师意下如何？"

玄奘知道戒日王的意思，是想使邪门歪道都皈依佛门。但法会之主却不好当，成功了，自然流芳千古；可万一失利，自己极可能落个横尸异域的下场。然而，玄奘信心百倍，毅然接受了这千载难逢的挑战。

戒日王发出敕命，普告天下，宣布了召开法会的意旨。贞观十五年（641）12月，五印度十八国王，大小乘高僧3 000多人，婆罗门等外道大师2 000多人，再加上僧俗大众数十万人，云集曲女城。

曲女城，坐落在恒河岸边，戒日王把它作为自己的王城。传说，曲女城原名花宫。当时有个仙人在恒河河畔修炼，坐禅入定几万年了。暑往寒来，不知经多少岁月，仙人起身脱离禅定，发觉身后居然长出一株极粗的大树，所以人们叫他大树仙人。一天，仙人看见国王的女儿们在河边游戏，便动了凡念，来到花宫向国王求婚。国王有100个女儿，个个花容月貌，却无人应聘；他还有1 000个儿子，个个智勇双全，却无人为父分忧，国王积忧成疾。最后，他的小女儿怜悯老父，自愿前往。大树仙人得知原因后，恼羞成怒，念咒作法，把国王其余99女顷刻间变成驼背老妪。自此以后，花宫改名曲女城。

戒日王已命人先期在城中赶造草殿，每殿能容纳1 000多人，里面安置佛像，陈列香花，并有乐工奏乐。

法会召开那日凌晨，从行宫到会场的路边，人山人海。戒日王一行开始从行宫出发，前面是一头大象，驮载一尊金佛像，戒日王扮成帝释（佛教护法神之一），手举宝盖在左陪侍；鸠摩罗王扮成梵王（即大梵天王），手执白拂在右陪侍，其余国王、大臣、高僧乘300头大象随后，两旁各有500象兵护卫，一行人边走边散发金、银、珠宝和鲜花，路旁的人们欢呼雀跃。戒日王一行进入会场中央大殿，请玄奘升上七宝庄严的论坛高座，然后戒日王宣布玄奘为论主，颂扬大乘教义。当下由一位高僧宣布玄奘的《会宗论》和《制恶见论》，同时另抄一份，悬挂在会场门外。

　　按照惯例，会期为18天。18天内，只要有人能驳倒论主，破掉论王的观点，论主就要受到严厉的惩罚，最轻的是割掉舌头，重的是斩首示众，甚至论主信奉的宗派被废除，信徒们被驱逐到国外。玄奘声明：只要有人能破掉他的《会宗论》和《制恶见论》的任意一条，他甘愿斩首。

　　第一天过去了，没有一人出头发难，第二天，第三天，第四天，还是没人发言。会场中的小乘高僧、外道大师好几千人，都是五印度文义博通、能言善辩的知名人士，见玄奘二论义理精妙，字字珠玉，自忖没这份本事，不敢出头露丑。

　　第五天，发生了一场不愉快的事。一名刺客在行刺戒日王时被当场抓获，戒日王安然无恙。戒日王审问了刺客。得知一伙外道自知辩论无胜利之望，便阴谋加害玄奘和礼遇佛教徒的戒日王。

　　戒日王获悉情由后，下令道：

"支那法师远游本国，是为了宣扬大法，汲引愚迷。妖妄之徒，反生害心，殊不可恕。如有人再阴谋加害，定斩不赦。不是上台辩论的人，私下里不准毁骂法师，违者割舌。"

这样才把外道镇住。经过了18天，仍无人上台辩论，大会圆满结束。

按照印度古法，戒日王命人用珍宝装饰大象，请玄奘骑上巡游，达官贵臣陪从侍卫，将中国法师在曲女城大会获胜的消息传播得家喻户晓，妇孺皆知。大乘教徒们共同送法师一个尊号，叫"大乘天"。小乘教徒们也送法师一个尊号，叫"小乘天"。就这样，玄奘赢得了中印两大文明古国佛学界的最高荣誉，在中印文化交流史上足可称千古一人。

曲女城法会一了，玄奘就打算回国。在游学生涯中，他抄录收集了许多佛经，取经的任务已完成一半。经过这次法会检验，说明自己的学业也完成了。自己今年46岁，离开故土13年了，思乡之心日浓，是该起程回国了。戒日王却不了解玄奘的心情，力邀他去钵罗耶迦国参加无遮大会。

无遮大会，是佛教举行的一种以布施为目的法会，僧俗、上下、贵贱无遮（无区别）。5年一次，每次75天，这回举行的是第六次无遮大会了，场面宏大壮观。但玄奘归心已定，无意流连，法事一了，他就动身回国了。

万里携经归

　　大唐贞观十六年（642）春，玄奘参加无遮大会后，就想辞别东道主回国。46岁须眉斑白的老僧，13年异国他乡的游子，心中无时无刻不在怀念遥远的祖国。现在西行目的已经达到，归心似箭的玄奘立即着手做东归准备。印度人民苦苦挽留，戒日王也一再劝阻，鸠摩罗王甚至许诺说，只要法师肯留在印度，愿为他营造百所寺院。荣华富贵诱惑不了他淡泊的心，劝说阻挠动摇不了他归国的志，最后，人们只好放行，只好用最隆重的仪式送别这位异国高僧。

　　当年，高昌王麴文泰曾大力助他西游，并和他结拜为异姓兄弟。玄奘离开高昌时承诺，自己学成归来后到高昌居住3年，为当地人民讲经说法。玄奘一直牢记着诺言，但他永远没有实现心愿的机会了。世事云烟，尘缘如梦，高昌国已成为历史陈迹，异姓兄长已长眠地下，玄奘一想到这，心中便怅然若失。既然没有必要原路返回了，他决定从南路归国，也就是出北印度，度葱岭，经由揭盘陀（今新疆塔什库尔干塔吉克自治县）、于阗（今新疆和田）、鄯善（今新疆若羌），最后抵达敦煌。

启程时，两位国王赠送大量金银财物。盛情难却，玄奘各收下一件，其余的一概推辞不受。这两份礼物：一是鸠摩罗王赠送的鹿毛披肩，玄奘打算留作途中防雨；另一份是戒日王赠送的大象，是为玄奘运载经书准备的。戒日王还特意派4个大臣携带国书，照会沿途各国，让他们出人出马，把法师一直护送到中国边境。

玄奘动身回国那天，钵罗耶迦国大施场上人山人海，挤满了送别的人们。大象、马匹背上满载经书和佛像，也满载了荣誉和友谊出发了。印度人民挥手洒泪，与这位誉满天竺的高僧告别。戒日王和鸠摩罗王更是依依不舍，两人带了数百骑兵，连送3天，才停鞭驻马，看着法师一行的身影愈行愈远，没入丛林。

北印度王参加无遮大会后归国，正好与玄奘同路，他们一起穿过猛兽成群的丛林，跋涉一个多月，经历数国，来到毗罗删拏国。玄奘归途上有随从前后照应，沿途各国也有人前迎后送，回想起自己孤身潜越出境时的艰苦孤寂，浑如隔世。他恨不得插翅飞回祖国，但山川艰险，又接连受到一系列挫折，走走停停，这归程竟走了3年。

在毗罗删拏首都，玄奘和那烂陀寺中的老同学师子光、师子月二人重逢了。师子光他们正在当地讲经，见玄奘来了都很高兴，极力挽留他为当地僧人讲授《瑜伽诀择论》和《对法论》。就这样，玄奘在毗罗删拏国传法，耽搁了两个月才重新上路。又在路上走了一个多月，玄奘他们来到北印度王统辖的阇烂达罗国（今印度贾朗达尔）。

北印度王又留玄奘讲了一个月经，才派人护送玄奘北行。当时国内有百余名北方和尚准备还乡，他们携带经像依附玄奘一行同路而还。北印度地区盗贼横行，为避免意外，玄奘吸取了来时的教训，先派一个熟悉本地情况的和尚打前站，遇到强盗，就说他们是远来求法的和尚，随身物品都是经书和佛像，请这些绿林好汉高抬贵手；然后，大队人马在北印度部队的保护下进发。玄奘知道，这些强盗大多是平民老百姓，因饥寒交迫才铤而走险，干些打家劫舍的勾当，佛教对他们影响很深，一般情况下他们不和僧尼为难。玄奘一行在途中多次遇到强盗，由于做了周密的防范，每次都有惊无险。走了20多天，行程800多里，来到僧河补罗国，北印度王的使者告辞回去了。玄奘一行又走了20多天山路，来到咀叉尸罗国（今巴基斯坦境内）。

罽宾王听说玄奘回来了，派人来接，玄奘携带经像，不便迂道往返，婉言拒绝了。玄奘离开咀叉尸罗国，北渡印度河时，一件令他遗恨终生的事情发生了。

那天，玄奘他们来到印度河渡口，找到一只渡船。这段河床有三四里宽，河水清澈如镜，微波泛涌，水声潺潺，河对岸就是乌铎迦汉荼城。玄奘见风平浪静，便吩咐众人乘船，并指定一人负责照看经本，自己则骑着象先涉水过河去。渡船划到河中心时，河面陡然刮起一阵大风，浪涌如山，船儿如风中落叶般在浪涛里颠簸。看经人在惶急中失足坠水，等众人救他上船，印度河已恢复平静。玄奘到了对岸，回头见河中起了大风，非常担心，船靠岸后，赶忙过来检点经卷，不由得失声叫苦：50夹经本和印度特产珍贵花种不见了。这50夹经本虽然是他携带经本的一小部分，可这是他历年搜集起来的呀！不知花费了多少心血，奔波了多少国家，跋涉过多少山水，没想到今天抛进水府。玄奘自责不已，真是太大意了，如果事先把经本捆在舱中，就不会发生这样的事了。

迦毕试王巡视属国，正好来到健陀罗国的乌铎迦汉荼城。得到消息后，马上赶来迎接慰问。玄奘在此地逗留了50多天，搜求遗失的经卷，听说邻国有他失去的《迦叶臂部》三藏，他马上托人前去抄录。罽宾王见玄奘没去，不辞路远，亲来参拜，相聚多日才散。

后来，玄奘随迦毕试王北行，行程数千里，直到迦毕试国东境，迦毕试王才驻马不送，临别前特地为法师举行七日大施，又派大臣率100多人护送玄奘过大雪山的婆罗犀那大岭（今卡瓦克山口）。

玄奘在《大唐西域记》中是这样描述这道山岭的："它非常高大陡峭，重叠峭拔的石阶斜倾欲坠，山间小路盘旋迂廻，随着危岩险峰而回环交错，有时下临深谷，有时上攀高崖。即便是盛夏时节，山中仍然水封雪冻，行人必须凿冰开路，3天才能到达岭顶。岭顶寒风凛冽强劲，行人至此，无法作片刻停留，就是苍鹰猛隼飞到这里，也只得落在地面上趔趄而行，走过峰顶，才能展翅飞翔……"由此可见，玄奘一行在山中经受了多大的考验，等走出大雪山，玄奘身边只剩下7个和尚，20个脚夫，还有1头象，4匹马，10头驴。

大雪山下便是安坦罗缚国（今印达拉布），从这里往西北走800多里，经过好几个国家，折向东方进入葱岭，葱岭南接大雪山，北抵热海、千泉，西到活国，东到乌铩国，东西和南北都长达数千里。数千里的群山重谷，经年积雪，刺骨寒风，为旅行者设下重重险关。

玄奘路经揭盘陀国（今新疆塔什库尔干自治县）时，在童寿论师寺逗留二十多天。童寺尊者是呾叉始罗国人，颖悟超群，著述几十部，风行五印度，他是经量部的祖师。当年，东有马鸣，南有提婆，西有龙猛，北有童寿，人们称他产为"照耀当世的四颗太阳"。揭盘陀王久闻童寿大名，便兴师动众，攻打呾叉始罗国，把尊者劫持到自己国家，为他建立了这座佛寺。玄奘心中始终将这位前辈作为楷模之一，瞻仰故迹，心潮起伏。

离开揭盘陀国的第五天,玄奘一行与大队强盗遭逢。他和商旅匆忙上山躲避,人和经本保全了,那头弃在山下的大象却被强盗逐到水中淹死了。玄奘心中难过,记得戒日王赠象时,自己还推托不受,说:

"此物身躯庞大,每天吃草料40捆,饼食3斗,照料艰难,贫僧不便接受。"

在场众人都劝他收下,说:

"佛灭度后,历代崇敬佛门的国王广为布施,但以大象相赠却是开天辟地头一回,足见国王诚心,法师还应接受。"

自己这才接受下来。大象驮载经像,一路登山涉水,功不可没。没想到故国在望,大象却死了。

贞观十八年(644)3月,玄奘一行抵达于阗。他在这里停留7个月之久。玄奘在于阗逗留的原因有三,一是由于于阗王的殷勤挽留;二是归国前尽力补全遗失的经本;更主要的原因是怕政府怪自己私自出国,所以玄奘留下来为于阗僧众授经,在此期间,他派人到龟兹、疏勒等国访求,补抄沿途遗失的经本。

总不能在家门口待一辈子吧?玄奘思来想去,最后,他写了一封信,托于阗商队带到长安,呈给唐太宗。他在信中委婉地说:

"我为了深入研究佛学,寻求真经,不避艰险西游印度。渡流沙、穿丛林、越雪山,九死一生到了印度。在印度周游10多年,一面学习经典,一面宣扬大唐文化。今已回到于阗，因大象溺死，所携经卷，没有鞍乘运送，所以暂留于阗，静候旨令。"

唐太宗得知法师取得经像，载誉归来，非常高兴，当即遣使到于阗迎接慰劳，手令中说：

"听说法师佛驾东归，朕欢喜无限，愿早日和法师相见。异国高僧，可与法师同来，朕已命于阗等国派夫役、马匹，护送法师，并命敦煌等处的地方官途中迎候。"

法师接到敕令，心中喜悦，当即整装，辞别于阗僧俗东归。走300多里，到达媲摩城（今克里雅），东入沙碛200多里抵达泥壤城（今尼雅回庄），从泥壤城出发，经大沙漠，行程千里至沮末（今且末），又行千里到楼兰故地，辗转来到大唐边境。

两年跋涉，万里归来，终于回到阔别已久的祖国，终于重见故国锦绣河山，玄奘心里有说不出的喜悦。

贞观十九年（645）春正月二十日，玄奘一行回到长安。唐太宗此时驻兵洛阳，准备亲征高丽，闻知玄奘已到京城，特敕西京留守、宰相房玄龄，让他隆重迎接。

入城之日，长安西郊人山人海。各界人士不约而同地聚集在城门外，以先睹大师风采为快，数十万人阻断道路，针插不入，水泄不通。先期迎接的官员见群众太多，法师无法入城，便把法师安置在郊外馆舍安歇。次日，从西郊到朱雀大街20余里的街道旁，挤满了虔诚的善男信女。玄奘进城后，把携归的经本、佛舍利、佛像等陈列在朱雀街南端，供大众参观礼拜。至于他本人，则在僧尼的簇拥下，在音乐声中，在佛香烟里，来到他下榻的弘福寺。转头回望，两街幡帐憧盖，万头攒动，玄奘的眼睛湿润了。

玄奘在西域所得经书都安置在弘福寺，计有：

《大乘经》224部

《大乘论》191部

《上座部》经律论14部

《大众部》经律论15部

《三弥底部》经律论15部

《弥沙塞部》经律论22部

《迦叶臂耶部》经律论17部

《法密部》经律论42部

《说一切有部》经律论67部

《因明论》36部

《声明论》13部

总计520夹，657部

多大的数目啊！17年的风餐露宿，5万里的奔波往返，110国的搜求抄录，这是玄奘大师一生心血换来的。其后，玄奘从事佛经翻译，弘扬佛法真义，创译"瑜伽"要典，并补译《大般若经》600卷，将一脉相承的"般若学"和"瑜伽学"融会发扬。他不仅是法相唯识宗的创始人，也是中土佛教的第一功臣。

淡泊老僧心

贞观十九年（645）2月，洛阳行宫仪鸾殿内，唐太宗李世民接见了玄奘，慰劳备至。坐定，唐太宗问道：

"法师当年西行，何不申报朝廷？"

玄奘起身谢罪，说：

"玄奘离国前曾三表奏闻，只恨诚微誓浅，未蒙陛下恩准。私行之罪，法在不赦。"

唐太宗微微一笑。当年他发动玄武门兵变，杀死大哥建成和弟弟元吉，又迫使父亲将皇位传给自己，即位之初，万事待兴，他每日处理事务甚多，哪里还记得是否有和尚申请出国一事。再说，这等鸡毛蒜皮般的小事，自有专门机构处理，玄奘的表章恐怕根本没送到自己的龙案上。想到这儿，他又笑了笑，说：

"法师能舍身求法，惠泽苍生，实堪嘉尚，私行小事，法师不必自责。"

唐太宗并没有多问玄奘取经情况，倒是对西域诸国很感兴趣，他详细询问了从雪岭以西到印度境内的山川气象，物产风俗等。当时，他正致力于开通西域，急于了解西方各国情况，而这些都是张骞未到过的地方，前代史书也未曾记载。玄奘亲身游历这100多个国家，亲耳听过当地父老的记述，亲眼目睹过异国前代的典籍，加上他记忆极好，说来有条有理，唐太宗喜不自胜，说：

"佛国辽远，法教灵迹，前代史书多含糊其辞，法师既然亲见亲闻，何不撰成一书，传给后代，不唯可补前史的遗漏缺失，亦可见法师的慈心德业。"

玄奘答应了，这本书就是后来大总持寺辨机和尚在法师的指授下，将法师游行记录整理编订成的《大唐西域记》。

唐太宗18岁起兵反隋，28岁做了皇帝，在位23年，天下大治，史称"贞观之治"。他能取得这样卓越的成就，主要是他知人善用。他用人的范围宽广，前朝遗老，疆场降将，政故心腹，只要有一技之长，他都推心置腹地委以重任。一次，他和萧瑀说：

"朕少年征战，最享受的兵器就是良弓利箭。戎马半生，得到10多张好弓，自以为当世莫及。昨日朕让弓匠评点，弓匠却说没有一张称得上好弓。朕问为何，他说木心不直，脉理都邪，这些弓力可及远，却没有准头。朕凭弓箭定天下，却不真懂弓。天下事岂能尽懂？"

正因为他有这份自知之明，唐太宗才不遗余力地搜罗人才，兼收并蓄，用人之长。唐承隋制，以科举取士，当唐太宗第一次看到新科进士从端门鱼贯而出时，曾高兴地说：

"天下英雄入吾彀中矣！"

得意之情，溢于言表。他用人有个特点，就是用人之长，不计其短。一次，太宗让封德彝推荐人才，封德彝却说：

"不是臣不留心人才，实在是当今天下没有什么奇才。"

唐太宗大为光火，斥责他说：

"用人如用器，各取所长。古代太平盛世的贤才，难道是从别的时代借来的吗？你不能知人，岂能妄言天下无才？"

正因为唐太宗如此爱惜人才，所以今日一见玄奘，非常赞赏他的学问才华和气质风度，而且法师熟知西域情况，在西域诸国声誉极高，这样的人才打着灯笼也难找哇！再说，自己久已有心开通西域，法师实在是西征的首席参谋人选，如此人才，放在林野古刹中真太可惜了。唐太宗下了决心，要劝玄奘还俗，参与中央政务。

唐太宗一露此意，玄奘当即回绝，说：

"玄奘往返17年，行程5万里，游历110国，只为弘法传教。今后心愿，只是翻译佛经。富贵荣华，既非世外人本愿，也非世外人所敢企图。"

唐太宗碰了个软钉子，但他仍不死心，便劝法师随军从征高句丽。玄奘不肯，只答应尽力译经事业，以此报答国恩，并要求皇帝在人力物力上给予帮助，最后说：

"玄奘从西域请得梵本佛经600多部，至今一字未译。听说嵩山少林寺幽静宜人，菩提留支三藏曾在那儿翻译佛经。玄奘愿到少林，为国译经，请陛下恩准。"

太宗见一时劝不转法师，便同意了，说：

"少林寺就不必去了。法师西行后，朕在西京造了弘福寺，寺内禅院清幽，法师可居此译经，朕听法师讲演也方便些。法师先在洛阳歇息几日，便可回西京了。缺人缺物，可找房玄龄商量，他会尽力协助您的。"

玄奘大喜过望，辞谢而出，开始了他奉旨译经的事业。

李唐建国以来，为了提高自己的家世，显示正统地位，自称是道教鼻祖李耳的后裔，这样，道教就压过了佛教。后来傅奕上表，历数佛教疏弊，要求铲除佛教。朝廷虽不灭佛，但明文规定，道第一，儒第二，佛第三。把佛教排在最末，佛界有识之士，莫不深忧。玄奘西游印度，主旨是访名师，求原本，但国家斥佛也是促成他西行的动力之一。

太宗即位后，对佛教的态度有所改变。当年他平王世充时，嵩山少林寺的十三棍僧有解围救驾的大功，并捉到王世充的侄子，李世民特准少林寺拥有僧兵。太宗登基后，深明"马上得之，不能马上治之"的道理，便借助儒、道、佛三教来加强思想领域的统治。他认为三教相辅相成，不是马鞭长矛可代替得了的，所以对佛教的限制便大大放松了。贞观十五年（641），文成公主远嫁西藏，嫁妆中就有大量佛经佛像，使中原文化传入西藏，这种文化交流，加强了汉族与少数民族的联系，对唐太宗的民族政策也起了一定作用。但是，唐太宗只是把佛教当做巩固统治的一种辅助工具，绝不是真心扶持。为了加强思想统治，他甚至提倡多种宗教，例如贞观十二年（638），唐太宗为景教建寺，景教是基督教最早传入中国的一支。

　　玄奘归国后念念不忘的就是提高僧侣地位，建立僧伽制度。他深深知道，没有皇帝的扶持，没有上层王公贵族的支持，佛教是难以发扬光大的，所以他虽然不喜欢玉宫华堂，不愿成为皇帝的文学侍从，但仍和帝王达官保持联系，宣扬佛教真义。每有大部佛经译成，他都竭力争到皇帝写序文，用心良苦。玄奘努力用佛义感化唐太宗，而唐太宗呢？他久存逼勒法师还俗参政的念头，二人进行较量。

　　贞观二十二年（648）春，唐太宗旧事重提，要求法师脱去袈裟，换上紫袍。玄奘则大讲古今治理得失，并一再颂扬太宗皇帝上智至仁,承天弘治,圣心圣化,不必借助臣下,然后才述说自己不过是个和尚,最大愿望就是弘扬释迦遗法,世间富贵,原本无分。这番说辞,酬答得体,龙颜大悦,说:

"既聆法师妙解,自不违拗法师本志,今后必当助师弘道。"

玄奘也很高兴,今日既能以佛学打动太宗,那么,劝说皇帝提高佛教地位也就有希望了。玄奘上表奏请,太宗说可以商量,可是,唐太宗不久龙驾归天,玄奘的心愿落空了。

唐高宗李治继位后,对玄奘仍十分看重。显庆二年(651)2月,唐高宗巡幸洛阳,敕玄奘陪从,4月,高宗去行宫避暑,仍令玄奘作陪,到了5月,又随高宗返回。即便在陪王伴驾的繁忙时刻,玄奘仍不忘译经,随带弟子,有暇即从事翻译。在高宗心目中,玄奘并不是传道高僧,而是文学侍从之臣。玄奘为此十分痛苦,同时因为这些俗务牵累,妨碍译事,空耗偌多精力,所以当年9月20日,他上表请求去少林寺静修禅观,专以译经为事。高宗断然拒绝,亲自写了回书,玄奘无奈,仍住洛阳继续译事。

在对待佛教的态度这一点上,高宗仍是承继父祖的意思,倡导少,限制多。玄奘几次陈请,毫无结果。永徽六年(655),他得了一场大病,垂危之际,犹附人陈请,章疏大意：

"贞观十七年有敕：'老子是朕祖宗，名位称号，宜在佛先。'当时普光寺主持法常、总持寺高僧普应等数百人在朝堂上争请，但未蒙更正。玄奘回国后，屡次内奏，先皇许有商量，未果驾崩。又有敕云，道僧犯罪者，可用俗法推勘，边远地方不明敕意，遇僧道犯事，动不动就打板子，污辱太过。玄奘命在旦夕，恐怕再没有机会陈请了，这二件事于国不便，请陛下改正。"

高宗览表感动了，下敕说：

"法师的表朕看过了，但佛道名位，是先朝处分，还要商量商量。至于第二件事，朕已下诏停废，法师安心养病吧。"

法师病好后，奉表陈谢。但对佛道名位一事，至死犹觉得是件憾事。

在高昌，在印度、在中原，玄奘都能淡泊名利，这等襟怀，这种德操，这份超脱，千载以下，仍是值得我们学习的。

大唐西域记

玄奘初归国,唐太宗便敕令他将西行游记编撰成书,第二年7月,这部书就脱稿了,命名为《大唐西域记》。

这部书之所以能迅速脱稿,一方面因为玄奘熟知西域情况,他在寻访名师和巡礼圣迹时,游踪所到之处,都详尽地研究当地方言,参考异国前代典籍,询问他乡耆旧遗老,所以熟知那里物产风俗,山川气象等等;另一方面是玄奘游经各国时,随时把所见所闻记录在油绢上,归国后由弟子辨机整理底稿。在辨机的编次排比下,《大唐西域记》在第二年就完成了。

《大唐西域记》共12卷,记载了玄奘在10多年旅行中亲见亲闻的138个国家的情况,其中110个国家是他亲身游历过的,其余28国则得诸传闻。这部书详尽地介绍了西域各国的历史沿革,风土人情、宗教信仰、物产气候等各方面情况,文字生动流畅,描述形象逼真,是东西方学者研究古代西域及印度史必不可少的典籍之一。数百年来,先后被译成英、日、法等多种文字,广为流传。

《大唐西域记》在文学、历史学、地理学和考古学上有极高的价值,为中印文化交流起了很大作用。比如说,在《大唐西域记》里,玄奘第一次使用了"印度"这个名称。而在这以前,中国对这个文明古国还没有统一的称呼,有时叫天竺,有时叫身毒,有时叫天笃等等。玄奘西游归来,认为中文音译不准,而印度这个名称不但音似,并且在汉文中还有轮回不息、如月照临的意思,实是佛国的美称。直到今日,我们还使用着这个名称。

在《大唐西域记》里保存了大量印度神话传说。这些神话传入中国后,经过中国才子们的加工润色,便成为我国传统文学的一部分。比方说,大学都知道嫦娥奔月的故事,还知道月宫里有只捣药的仙兔,在碧海青天中陪伴着寂寞的嫦娥。有人说,这只仙兔来自印度,在《大唐西域记》中就有这方面的记载。说是在劫初的时候,兔子、狐狸和猿结为好友,和睦相处,在森林中修行。天帝释想考验他们,变化成一个老人,向他们乞讨食物。狐狸叼回一条鲜鲤鱼,猿采回奇异花果,都送给老人,只有兔子空手返回,老人说:

"依我看来,你们之间还未能和好。猿、狐狸志同道合，都能尽心去完成所愿；只有兔子两手空空地回来了，从这里可以看出你们之间并不一致。"

兔子听后，对狐狸、猿说道：

"你们多收集些柴薪来，我正想有所作为。"

狐狸、猿衔草拽木，把柴草堆积很高，当大火燃起后，兔子说：

"仁慈的老人，我卑贱无能，没有完成您的要求，只好把我的身体贡献给您佐餐吧！"

说完，兔子跳进火中，很快死去了。天帝释伤感不已，对狐狸、猿说：

"事情竟然发展到这个地步，我很感动，为了这事迹不被埋没，我把兔子放到月亮上去，让后世都知道这件事。"

所以印度人都说，从那时开始，月亮中便有兔子了。

兔子产自印度，捣药则是中国文人演绎出来的。唐代有一篇传奇，说的就是裴航在蓝桥见仙兔捣药，最后他也成仙而去。大文豪鲁迅说，从魏晋南北朝以来，随着佛经的翻译，印度故事也流入中原，文人喜欢这些新颖怪异的故事，无意中采用，就成为中国特有的典故。玉兔捣药的神话传说也是这样产生的，由此可见，玄奘对沟通中印文化起了多大的作用啊！

到过印度的人都知道泰姬陵，它是印度的第一名胜，是莫卧儿王朝的一位皇帝为纪念他的宠妃泰姬·玛哈尔修建的。泰姬陵的造型非常优美，300多年来，它使无数慕名而来的游客流连忘返，称它是"大理石上的诗"。那么，印度的第二名胜是什么呢？是阿施陀石窟！

1803年，印度沦为英国的殖民地。1819年，几个驻印英兵在奥朗格巴德市郊的群山中打猎，无意中走进一个马鞍形的幽谷，在草莽中发现了许多石窟。里面有许多高大庄严的佛像雕刻，石壁上绘有释迦牟尼诞生、出家、修行、成道、降魔、说法、涅槃的壁画。士兵们的发现一下子哄传起来，人们争相前去参观，在惊叹声中，人们发现他们对石窟的来历一无所知，直到读了《大唐西域记》才恍然大悟。

玄奘在书中写道：

"南印度摩诃剌陀国东境有座大山，山连山，岭连岭，峰嶂连绵，重重岗峦山峰把这里与外界隔绝开来。有所寺院坐落在幽深的山谷里，高堂邃宇，疏崖枕峰，重阁层台，背岩面壑……寺院的大精舍高一百多尺，里面有七十多尺高的石佛像，佛像上面覆盖着七重石头，每个石盖之间相去各3尺多，虚空悬挂，互不连搭，真是巧夺天工。听老年人说，这是罗汉发愿的威力；有的说是神通的威力；也有的说这是药物和法术的功力；考察了这些实录，仍未能详知原因。精舍四周开凿石壁，雕刻着如来在过去修菩萨行的诸因和诸地、诸事，以及证圣果的祥瑞与涅槃的灵应。大大小小的故事，毫无遗漏，都雕刻在上面。"

　　印度的佛教徒夏季安居3个月，禁止外出，致力坐禅修学。寺院坐落在幽谷中，谷中有河可汲水，山中有柴可燃火，远离世俗尘嚣，安谧宁静，确是修真养性的好地方。石窟始建于公元前2世纪左右，大约佛门僧侣雨季常在山洞中静修，后来就凿洞建庙，成为佛门圣地。经过900多年的雕琢修建，耗费无数人力物力，凿成了29眼洞。据玄奘的记载，寺院是西印度阿折罗阿罗汉为纪念母亲修建的，陈那菩萨曾在这里住过。若没有《大唐西域记》，恐怕谁也不知道这个湮灭千年的古迹的来历了。

　　近代的考古学家们也借助《大唐西域记》进行研究工作，许多古印度和中亚细亚历史文化遗址的发掘和研究都以这部书为指归，如王舍城的旧址，鹿野苑的古刹等遗址的发现都是如此，其中尤值得大书一笔的是玄奘曾留学过的那烂陀寺遗址。

　　10世纪时，印度开始遭到穆斯林的侵略。历代君王累世修建而成的那烂陀寺也未能逃此一劫，辉煌壮丽的庙寺在战火中付之一炬。日转星流，尘封土埋，那烂陀寺废墟已成平地。到了19世纪，欧洲考古学家根据玄奘的记述进行发掘，逐步把寺院残基发掘出来。这是一群用红色砖石砌成的建筑物遗迹，规模宏大。主庙建筑在一个小山丘前，像一座古城堡，共分4层，每层都有很多大石柱，石柱之间的石壁上雕刻着佛像，四周刻着精美的花纹。

今天，那烂陀寺遗址已开辟成一个占地很广的公园。古刹已焚，圣殿已毁，但玄奘的名字仍留在中印人民的心底。为了纪念玄奘对中印两国人民友谊和文化交流所作的巨大贡献，在20世纪50年代，由周恩来总理倡议，中印两国在那烂陀寺附近合作修建了玄奘纪念堂。那是一座中国古典式建筑，重檐红柱，造型和面积都与故宫里的大殿相似，它已成为中印两国人民友好交往的一个象征。

《大唐西域记》是中国历史上一部伟大的著作，是记载中亚细亚、巴基斯坦和印度古代历史、地理的最可靠书籍，时至今日，它仍是东西方学者研究古代西域及印度史的唯一重要著作。印度有位史学家说过这样一句话：

"中国的旅行家如法显、玄奘，给我们留下了有关印度的宝贵记载，不利用中国的历史资料，要编一部完整的佛教史是不可能的。"

皓首志穷经

中国的佛经翻译事业大致可分为3期。从东汉到西晋是第一期。著名译经大师有安清、支谶、友谦、竺法护，这些西域流寓僧人多凭记忆传译。译经虽多，但大部分是零品断简，不成系统，翻译文体也不成熟。

东晋南北朝时期为译经事业的第二期。与前期相比，译人若非西域接踵而来的大师，如鸠摩罗什、觉贤、昙无谶，便是中国西行求法的硕学高僧，如法显、法勇、智猛，以梵文原本为依据进行翻译。译场规模扩大了，翻译文体成熟了，大乘学说也在这一时期输入中原。其中鸠摩罗什是玄奘以前的翻译巨匠，是他开辟了佛经翻译的新纪元。鸠摩罗什翻译佛经的卷帙虽不如玄奘多，但他翻译范围极广，最大的贡献就是传译了前人未曾涉笔的论藏，如

《大智度论》100卷，号称论中之王；《中论》《百论》《十二门论》是隋唐时期三论宋的理论基础；《成实论》和《十住毗婆娑论》分别为成实宗与十住宗的经典。鸠摩罗什主持翻译的佛教典籍，对中国佛教的宗教哲学和教义的形成产生了巨大而深刻的影响，中国佛教各宗派所依据的重要经典，基本上都是这一时期译为汉文的。

　　从唐朝贞观年间到贞元年间是佛经翻译事业的第三期，这也是中国佛教的全盛时期，翻译事业登峰造极，这不能不归功于玄奘。法相唯识宗渊源于印度，但集大成者实是玄奘，他在传译之暇，提倡因明，讲析不倦，中国学者从此用逻辑理论治学，也得力于玄奘。同时，玄奘还把《道德经》和印度本土已失传的马鸣《大乘起信论》译成梵文，传诸印度，为中印文化交流作出极大贡献。玄奘回京之后，立即着手组织译经工作，短短3个月，在弘福寺组织起一个规模庞大，英才荟萃，分工精细的译场，助译人员都是当日国内硕学高僧。其中通解大小乘经论的"证义"高僧有12人，即：

　　京师弘福寺沙门灵润

　　京师弘福寺沙门文备

　　京师罗汉寺沙门慧贵

　　京师实际寺沙门明琰

　　京师宝昌寺沙门法祥

　　京师静法寺沙门神昉

京师法讲寺沙门道深

京师法海寺沙门普庆

京师演觉寺沙门玄忠

京师普救寺沙门神泰

京师振音寺沙门敬明

京师多宝寺沙门道因

又有"缀文"高僧9人，即：

京师普光寺沙门栖玄

京师弘福寺沙门明睿

京师会昌寺沙门辩机

终南山丰德寺沙门道宣

简州福聚寺沙门静万

蒲州普救寺沙门行友

蒲州栖岩寺沙门道卓

幽州照仁寺沙门慧立

洛州天宫寺沙门玄测

又有"字学"高僧1人，即：

京师大总持寺沙门玄应

又有"证梵语梵文"高僧1人，即：

京师大兴善寺沙门玄幕

这些饱学高僧都是当日数一数二的佛学家，如字学高僧玄应著有《大唐众经音义》20卷，缀文高僧行友著有《已知沙门传》；道宣著述尤多，其中《释迦方志》一书可看做《大唐西域记》的节略本。这是他在参与玄奘译经工作时，认为《大唐西域记》繁文太多，不易阅读，所以摘录纲要，编成两卷《释迦方志》……这么多海内高僧参与译经盛事，可以说是空前绝后的事。加上唐太宗的支持，准备工作相当顺利地完成了。

贞观十九年（645）5月，弘福寺正式开始译经。玄奘手持梵经原本，口讲梵文，和助译群僧互相考校，共同研讨，当天就译完了《六门陀罗尼经》一卷。此后的19年光阴，每日都是在讲法译经中度过的。玄奘自律极严，每日生活很有规律。天天五更时分起床，诵读梵本，用朱笔标明次序，安排好一天的翻译工作。从早饭后到黄昏这段繁忙的译经时间里，还要抽出两个时辰讲习经论，解答弟子们的疑义。当他任大慈恩寺总持后，还要处理寺内纷杂的事务，法师处事得体，显得绰有余裕。抽出时间和诸高僧谈论西域佛教盛况，他对西域学者的思想渊源，佛教各部派的异同了如指掌，说得津津有味。有时白天有事，工作时间不够，玄奘就连夜赶做，直到夜深才停笔，小睡一会儿就起床。天天如此，从不间断。玄奘能够继往开来，创宗立派，绝不是偶然的。

玄奘深深知道，"不依国王，则佛教难兴"的道理。在思想领域斗争激烈的印度，佛教的兴衰存亡完成取决于君主的喜恶；在中国又何尝不是如此，佛图澄、鸠摩罗什等前辈的事业便是极好的例子。为了获得帝王的支持，玄奘不顾年迈体衰，抽出宝贵的时间和唐太宗谈玄论道，周旋在王公贵族间。每有大部佛经译成，他必竭力争取皇帝亲自作序，贞观二十三年（647）5月，100卷《瑜伽师地论》翻译完毕。玄奘应诏谒见唐太宗时，为他细说瑜伽大义。太宗皇帝大喜，专门派人到弘福寺取来《瑜伽师地论》，亲自阅览，并命人抄了9份，分赐州郡，使得这部大乘经论迅速在佛界流传开来。经过玄奘再三恳求，唐太宗欣然作序，这就是流传极广的《大唐三藏圣教序》。序文宣扬佛教大乘宗旨，褒美玄奘西行业绩。同时皇太子（高宗李治）也写了《菩萨藏经后序》，玄奘上表陈谢。当朝皇帝如此信佛弘教，臣子们自然更加虔诚，自此佛教弘盛一时，长安成为当时世界佛教文化中心。

玄奘归国后，唐太宗要求玄奘把《道德经》译成梵文，传入印度。玄奘婉言拒绝了，作为一个虔诚的佛教徒，他对唐太宗向外宣扬道教的做法有点不满。第二年，应东印度鸠摩罗王的请求，玄奘把《道德经》译成梵文。这5000字的道家经典传入佛教发源地后，对以后兴起于东印度一带的密教的理论和修持方式，产生了深远的影响。

离开印度很久了，玄奘仍在怀念那烂陀寺的师友，关心印度佛教的兴衰。他决定把从印度传入，在中国流行而印度本土反而失传的佛经重新译成梵文，传入印度，为印度佛教注入新鲜血液。这日，玄奘把马鸣菩萨的《大乘起信论》译成梵文，搁下笔，揉了揉酸麻的手腕，想到，马鸣菩萨这篇论文在印度失传已久，我游历印度时，不少高僧向我询问此论。可惜山遥水远，一时无送经人选。玄奘正在沉吟，小和尚来报：

"法师，印度那烂陀寺有位和尚到了长安，特来拜访法师，并捎来两封书信。"

玄奘又惊又喜，连忙迎出去。门外站着一个中年和尚，玄奘不认识，中年和尚见玄奘出来，施礼说：

"弟子法长，当年曾在曲女城法会上得瞻法师风采，今日见法师身体健康，不胜欣慰。离印度时，智光大师、慧天大师托我带信问候法师，书信在此，请法师过目。"

玄奘接过信，慰问一番，见法长神色疲倦，便让知客僧引他去歇息，改日长谈。自己则快步走回翻经院，迫不及待地打开信。

智光是戒贤的得意弟子，在那烂陀寺和玄奘同窗多年，当年，他和海慧、师子光、玄奘4人被寺众选拔出来，准备去和外道论战。智光在信中除了问候玄奘外，还告知他一个噩耗，戒贤正法藏去世了。玄奘的泪涌出来，心如刀割。戒贤法师德操高洁，精通全部佛教经典，洞察力极强。自己留学时，蒙他另眼相看，已是106岁的高龄了，仍为自己讲经说法。现在他去世了，自己失去一位良师，印度失去一位佛门领袖，真令人痛惜不已。

慧天是摩诃菩提寺的小乘三藏法师，把小乘十八部经义研究得十分透彻。玄奘西游时，经常和他讨论大小乘优劣，不时批评他死守小乘教义，不知变通。曲女城大会时，深受玄奘理论影响，别后念念不忘，遂托同寺和尚法长带信问候，还有一份薄礼进献。

两年后，当法长返回印度时，玄奘亲自给他们写了回信。答复了他们关心的译经情况，并在信中请求他们帮自己收集一些佛经，就是在印度河失事时落水的佛经。

玄奘少年时代攻读过劳，壮年西游，出入冰山雪岭中，得了寒疾，时常发作，困苦不堪。归国后，先在弘福寺，后来移居慈恩寺，又主持过西明寺。俗事分散了他大量精力，玄奘自知老病侵寻，来日无多了。唐高宗显庆三年（658），玄奘上疏说：

"中土向来重视《大般若经》。前代虽曾翻译，究未完备，所以众人要求重译。《大般若经》卷帙浩繁，京城又俗务众多，玄奘常恐人命无常，译业中辍，所以请陛下恩准我去玉华宫译经。"

玉华宫，在雍州宜君县，原是唐太宗的避暑离宫。经高宗同意后，玄奘把译场迁入玉华宫，从此谢绝一切人事应酬，专以翻译《大般若经》为务。《大般若经》梵本共有20万颂，这样大部头的经典，真令人望而生畏，助译人员常向玄奘请求，仿照鸠摩罗什辍该经的方式，删略一些繁文冗词。玄奘考虑再三，决定照梵本翻译，一字不删。玄奘在西域得《大般若经》的3种版本，翻译时互校3本，反复对照无误，方才下笔，这种审慎的态度，在以往的译师身上是很少见的。玄奘自知来日无多,更加勤奋笔耕,态度益发严谨,经常勉励同仁努力,勿辞劳苦。

麟德元年(664)正月初一,玄奘在玉华宫和助手们终于译完卷帙浩繁的《大般若经》,自知体力衰竭,死期已近。译场中诸位助译大师却不知道,又请开译《大宝积经》,玄奘见众情踊跃,便答应了。他勉强翻译数行,便觉不支,收起梵本,开始预嘱后事,在场众人无不泪下。

正月初九,玄奘失足跌倒,病情加重,终于在2月5日夜半圆寂于玉华宫,终年69岁。

噩讯传来,高宗为之罢朝数日,连续5次下敕,亲自料理丧事,用金棺银椁,将玄奘隆重安葬在白鹿原。各界人士,莫不悲悼。

玄奘主持译业19年,共译出各类佛典73部,计1 330卷,平均每年译70卷,绝笔之时,距圆寂一个月,毕生精力,尽付于取经译经事业。

玄奘学识渊博,精通各家佛教学说,能熟练运用梵汉语言,因此,他主持的译业,无论梵译汉,还是汉译梵,都达到前所未有的水平。与前辈鸠摩罗什相比,玄奘主持的译经,更有计划,更有系统,思想倾向也更加分明。一方面,他对小乘各派以及外道典籍都很重视,无不择要翻译;另一方面,他创译《瑜伽师地论》100卷,补译《大般若经》600卷,将大乘佛教的根本经典都翻译过来,从此,中国佛学才有了完整的体系,为他创立法相唯识宗,奠定了理论基础。

法相唯识宗，主要通过分析"各种法相"，得出"万法唯识"的结论，并因此而得名。由于创始人玄奘及其主要弟子长期居住长安慈恩寺，所以人又称此宗为"慈恩宗"。又因此宗学说上承印度佛教正统，渊源可上溯到瑜伽学创始人元著、世亲兄弟，并完全恪守其经典教义，所以也有人称它为"瑜伽宗"。

法相唯识宗是我国佛教八大宗派之一。但由于该学说包含了丰富的因明学（逻辑学）思想，论证方法过于精致严密，以至于显得繁琐晦涩；再加上该宗固守一些不适合中国国情的印度旧教义，所以它的传播范围一开始就局限在社会上层。玄奘也试图对该宗的缺点做些补救工作，由于修正旧教义遭到戒贤严厉的批评，玄奘只好着重培养传人，以补救论证方法过于精致的弊病。他的大弟子窥基，原是大唐功臣尉迟敬德的侄子。12岁时，玄奘见到后，非常赏识这小孩子，欲收归门墙。家人都同意，只有他本人不肯，玄奘破天荒允许他出家后可以娶妇吃酒，这才把他收归门下。窥基也没辜负老师的厚望，完全继承了玄奘的衣钵，广疏经论，人称"百部疏主"。玄奘培养的弟子过世后，后继无人，盛行三四十年的法相唯识宗也随即式微。

但作为佛教在中国鼎盛时期的最主要宗派之一，它仍对中国思想文化的发展产生了巨大影响。它传入日本后，一度成为日本最有势力的佛教流派。到了近代，在梁启超、章太炎、熊十力等学术大师的提倡下，曾掀起一个研究热潮。玄奘死后有灵，亦当含笑九泉。

玄奘幼年出家，壮岁西游，涉流沙，跨雪山，穿竹林，历尽千难万险，取回佛经657部，译出73部，名震印度，誉满中华。5万里行程，17年往返，19年的译经生涯，就是这位推动中印文化交流的文学巨人，促进佛教繁荣昌盛的释门奇僧，留在历史上的辉煌业绩。

注：1里=500米
　　1丈=3米
　　1丈=10尺

世界五千年科技故事丛书

01. 科学精神光照千秋：古希腊科学家的故事
02. 中国领先世界的科技成就
03. 两刃利剑：原子能研究的故事
04. 蓝天、碧水、绿地：地球环保的故事
05. 遨游太空：人类探索太空的故事
06. 现代理论物理大师：尼尔斯·玻尔的故事
07. 中国数学史上最光辉的篇章：李冶、秦九韶、杨辉、朱世杰的故事
08. 中国近代民族化学工业的拓荒者：侯德榜的故事
09. 中国的狄德罗：宋应星的故事
10. 真理在烈火中闪光：布鲁诺的故事
11. 圆周率计算接力赛：祖冲之的故事
12. 宇宙的中心在哪里：托勒密与哥白尼的故事
13. 陨落的科学巨星：钱三强的故事
14. 魂系中华赤子心：钱学森的故事
15. 硝烟弥漫的诗情：诺贝尔的故事
16. 现代科学的最高奖赏：诺贝尔奖的故事
17. 席卷全球的世纪波：计算机研究发展的故事
18. 科学的迷雾：外星人与飞碟的故事
19. 中国桥魂：茅以升的故事
20. 中国铁路之父：詹天佑的故事
21. 智慧之光：中国古代四大发明的故事
22. 近代地学及奠基人：莱伊尔的故事
23. 中国近代地质学的奠基人：翁文灏和丁文江的故事
24. 地质之光：李四光的故事
25. 环球航行第一人：麦哲伦的故事
26. 洲际航行第一人：郑和的故事
27. 魂系祖国好河山：徐霞客的故事
28. 鼠疫斗士：伍连德的故事
29. 大胆革新的元代医学家：朱丹溪的故事
30. 博采众长自成一家：叶天士的故事
31. 中国博物学的无冕之王：李时珍的故事
32. 华夏神医：扁鹊的故事
33. 中华医圣：张仲景的故事
34. 圣手能医：华佗的故事
35. 原子弹之父：罗伯特·奥本海默
36. 奔向极地：南北极考察的故事
37. 分子构造的世界：高分子发现的故事
38. 点燃化学革命之火：氧气发现的故事
39. 窥视宇宙万物的奥秘：望远镜、显微镜的故事
40. 征程万里百折不挠：玄奘的故事
41. 彗星揭秘第一人：哈雷的故事
42. 海陆空的飞跃：火车、轮船、汽车、飞机发明的故事
43. 过渡时代的奇人：徐寿的故事

世界五千年科技故事丛书

44. 果蝇身上的奥秘：摩尔根的故事
45. 诺贝尔奖坛上的华裔科学家：杨振宁与李政道的故事
46. 氢弹之父—贝采里乌斯
47. 生命，如夏花之绚烂：奥斯特瓦尔德的故事
48. 铃声与狗的进食实验：巴甫洛夫的故事
49. 镭的母亲：居里夫人的故事
50. 科学史上的惨痛教训：瓦维洛夫的故事
51. 门铃又响了：无线电发明的故事
52. 现代中国科学事业的拓荒者：卢嘉锡的故事
53. 天涯海角一点通：电报和电话发明的故事
54. 独领风骚数十年：李比希的故事
55. 东西方文化的产儿：汤川秀树的故事
56. 大自然的改造者：米秋林的故事
57. 东方魔稻：袁隆平的故事
58. 中国近代气象学的奠基人：竺可桢的故事
59. 在沙漠上结出的果实：法布尔的故事
60. 宰相科学家：徐光启的故事
61. 疫影擒魔：科赫的故事
62. 遗传学之父：孟德尔的故事
63. 一贫如洗的科学家：拉马克的故事
64. 血液循环的发现者：哈维的故事
65. 揭开传染病神秘面纱的人：巴斯德的故事
66. 制服怒水泽千秋：李冰的故事
67. 星云学说的主人：康德和拉普拉斯的故事
68. 星辉月映探苍穹：第谷和开普勒的故事
69. 实验科学的奠基人：伽利略的故事
70. 世界发明之王：爱迪生的故事
71. 生物学革命大师：达尔文的故事
72. 禹迹茫茫：中国历代治水的故事
73. 数学发展的世纪之桥：希尔伯特的故事
74. 他架起代数与几何的桥梁：笛卡尔的故事
75. 梦溪园中的科学老人：沈括的故事
76. 窥天地之奥：张衡的故事
77. 控制论之父：诺伯特·维纳的故事
78. 开风气之先的科学大师：莱布尼茨的故事
79. 近代科学的奠基人：罗伯特·波义尔的故事
80. 走进化学的迷宫：门捷列夫的故事
81. 学究天人：郭守敬的故事
82. 攫雷电于九天：富兰克林的故事
83. 华罗庚的故事
84. 独得六项世界第一的科学家：苏颂的故事
85. 传播中国古代科学文明的使者：李约瑟的故事
86. 阿波罗计划：人类探索月球的故事
87. 一位身披袈裟的科学家：僧一行的故事